ÉTOILE JAUNE, ÉTOILE ROUGE

TITRES DÉJÀ PARUS DANS LA COLLECTION AZRIELI DES MÉMOIRES DE SURVIVANTS DE L'HOLOCAUSTE

SÉRIE 1

Bits and Pieces de Henia Reinhartz
Getting Out Alive de Tommy Dick
Spring's End de John Freund
The Violin de Rachel Shtibel /
    A Child's Testimony d'Adam Shtibel
Cachée de Marguerite Elias Quddus
Fragments de ma vie de Henia Reinhartz
Le Violon de Rachel Shtibel /
    Témoignage d'un enfant d'Adam Shtibel

SÉRIE 2

Under the Yellow & Red Stars d'Alex Levin
Album of My Life d'Ann Szedlecki
A Drastic Turn of Destiny de Fred Mann
Memories of the Abyss de William Tannenzapf /
    But I Had a Happy Childhood de Renate Krakauer
E/96: Fate Undecided de Paul-Henri Rips
Objectif: survivre de Tommy Dick
La Fin du printemps de John Freund
Matricule E/96 de Paul-Henri Rips

Étoile jaune, étoile rouge

Alex Levin

TRADUCTION DE CHRISTINE KLEIN-LATAUD

La Fondation Azrieli: www.azrielifoundation.org
Couverture et conception graphique de Mark Goldstein
Cartes de 2ᵉ et 3ᵉ de couverture de Sir Martin Gilbert
Cartes à l'intérieur du volume de François Blanc

Catalogage avant publication de Bibliothèque et Archives Canada

Levin, Alex, 1932–
    Étoile jaune, étoile rouge / Alex Levin; traduction de Christine Klein-Lataud.
(Collection Azrieli des mémoires de survivants de l'Holocauste. Troisième série) Traduction de : Under the Yellow and Red Stars.
Comprend des références bibliographiques et un index.
Publié aussi en version électronique
ISBN 978-1-897470-21-3

1. Levin, Alex, 1932–. 2. Holocauste, 1939–1945 – Pologne. 3. Enfants juifs pendant l'Holocauste – Pologne – Biographies. 4. Juifs – Pologne – Biographies. 5. Juifs – URSS – Biographies. I. Klein-Lataud, Christine II. Fondation Azrieli III. Titre. IV. Collection : Collection Azrieli des mémoires de survivants de l'Holocauste. Troisième série

D804.196.L4914 2010   940.53'18092   C2010-904233-6

IMPRIMÉ AU CANADA

La Collection Azrieli des mémoires de survivants de l'Holocauste

Table des matières

La collection :
Tel qu'ils l'ont écrit...

En racontant leur histoire, les auteurs ont pu se libérer. Pendant de longues années, nous n'en avons pas parlé, même une fois devenus citoyens de sociétés libres. Aujourd'hui, alors qu'enfin nous écrivons sur les expériences qui furent les nôtres durant cette période sombre de l'Histoire, conscients que nos récits seront lus et qu'ils nous survivront, il nous est possible de nous sentir complètement libérés. Ces documents historiques uniques aident à donner un visage aux disparus et permettent au lecteur de mesurer, récit après récit, l'énormité de ce qui est arrivé à 6 millions de Juifs.

David J. Azrieli, C.M., C.Q., M.Arch
Survivant de l'Holocauste et fondateur de la Fondation Azrieli

Depuis la fin de la Deuxième Guerre mondiale, plus de 30 000 Juifs rescapés de l'Holocauste sont venus s'installer au Canada. Leurs origines, les expériences qu'ils ont vécues, les nouvelles vies qu'ils ont bâties et les familles qu'ils ont fondées font partie intégrante du patrimoine canadien. Le Programme des mémoires de survivants de l'Holocauste a été créé pour rassembler, archiver et publier les témoignages historiques écrits par les déportés juifs établis au Canada. Le programme est animé par la conviction que chaque survivant porte une histoire remarquable à transmettre et que ces récits peuvent contribuer dans une vaste mesure à l'enseignement de la tolérance et du respect de l'autre.

Des millions d'histoires individuelles sont perdues à jamais. En publiant les récits des survivants au sein de la Collection Azrieli des mémoires de survivants de l'Holocauste, le programme s'engage à préserver de l'oubli ceux qui ont péri sous les assauts d'une haine encouragée par l'indifférence et l'apathie générale. Les témoignages personnels de ceux qui ont survécu dans les circonstances les plus improbables sont aussi différents que ceux qui les ont écrits, mais tous démontrent la somme de courage, d'endurance, d'intuition et de chance qu'il a fallu pour faire face et survivre à cette terrible adversité. Ces mémoires rendent aussi hommage aux personnes, amies ou inconnues, qui ont tendu la main au péril de leur vie et qui, par leur bienveillance et leur dignité dans les moments les plus sombres, ont souvent permis aux personnes persécutées de conserver leur foi en la nature humaine et le courage de lutter. Les témoignages des déportés et leur volonté de transmettre ce qui s'est passé aux jeunes générations suscitent l'admiration et servent de leçon.

Le Programme des mémoires de survivants de l'Holocauste rassemble ces témoignages importants et les rend accessibles gratuitement sous format imprimé aux bibliothèques canadiennes, aux organisations œuvrant pour la mémoire de l'Holocauste et aux participants des conférences organisées par la Fondation Azrieli. Une édition électronique de ces livres est disponible sur notre site web, www.azrielifoundation.org.

La Fondation Azrieli tient à faire part de sa reconnaissance à: Mary Arvanitakis, Josée Bégaud, Florence Buathier, Franklin Carter, Mark Celinscack, Darrel Dickson (Maracle Press), Andrea Geddes Poole, Sir Martin Gilbert, Pascale Goulias-Didiez, Stan Greespan, Karen Helm, Carson Phillips, Pearl Saban, Jody Spiegel, Erika Tucker, Lise Viens, ainsi que Margie Wolfe et Emma Rodgers de Second Story Press.

Introduction

Tous les soirs, à la nuit tombée, nous rampions avec mille précautions pour nous glisser dans les meules de foin alignées dans les champs, en refermant l'ouverture pour ne laisser qu'un petit trou par lequel respirer. Parfois, nous passions secrètement la nuit dans une remise à outils. Quelles que soient les circonstances, nous vivions dans la terreur d'être attrapés...

Ainsi écrit Alex Levin, en évoquant les terreurs quotidiennes qu'il devait endurer alors qu'il n'avait que 10 ans. Ce faisant, il nous entraîne dans des événements et des expériences presque inimaginables quand on les considère des années après, installé dans une société civilisée et en paix. Son enfance idyllique au cœur d'une « famille solide et aimante » bascule et se transforme en une existence désespérée, occupée à fuir le génocide nazi. S'ensuit une carrière militaire dans l'Union soviétique antisémite de l'après-guerre, puis un nouvel enracinement en sol canadien. La vie d'Alex Levin porte les traces de bouleversements historiques immenses. Si, comme nous le rappelle Elie Wiesel, chaque survivant de l'Holocauste a une histoire unique à raconter, celle d'Alex Levin est extraordinaire.

Alex Levin – qui s'appelait alors Yéhoshoua Levin – est né en 1932 à Rokitno, une petite ville polonaise de 5 000 habitants. Se déroulant dans un « paysage beau et majestueux », les jeunes années de Levin ont été bucoliques. Il vivait dans une grande maison, avec un jardin et des animaux domestiques et il se baignait dans la rivière qui traversait la ville. Il aimait explorer les luxuriantes chênaies des environs – des forêts qui allaient bientôt jouer un rôle crucial non seulement dans sa vie mais dans sa survie même.

En 1939, il y avait environ 3,3 millions de Juifs en Pologne. C'était de loin la plus large population juive d'Europe. La vie culturelle et religieuse juive y fleurissait depuis des siècles. Contrairement à l'expérience des Juifs dans le reste de l'Europe et en URSS, les Juifs polonais et leurs voisins cohabitaient paisiblement. Ils avaient pu créer des mouvements religieux et communautaires importants, établir des centres d'études religieuses et enrichir l'héritage culturel en langue yiddish – la langue quotidienne des Juifs d'Europe de l'Est. Au milieu du XXe siècle, les Juifs polonais pouvaient s'enorgueillir d'une tradition littéraire bien à eux, qui comprenait roman, poésie, théâtre et cinéma yiddish. De plus, au fur et à mesure que la Pologne se modernisait et que les centres urbains croissaient, de nombreuses professions et industries se faisaient moins restrictives et de nouvelles possibilités s'ouvraient aux Juifs.

La vie des Juifs en Pologne était cependant pleine de contradictions. Les Juifs polonais étaient souvent en butte à la discrimination et aux persécutions et même à des agressions physiques de la part de leurs voisins non juifs qui nourrissaient des préjugés à leur égard. Avec la montée du nationalisme polonais entre les deux guerres, les minorités ethniques – dont les Juifs – sont devenues la cible de pratiques discriminatoires. Quoique la constitution polonaise garantisse les droits des minorités, les Juifs ne pouvaient pas être fonctionnaires, alors que le gouvernement était l'un des plus grands employeurs de l'époque. Avec l'impact de la grande dépression qui a affecté le monde entier au début des années trente, la condition des Juifs polonais s'est progressivement dégradée.

Pourtant, Alex Levin se rappelle une enfance aisée et heureuse au sein de la communauté juive de Rokitno qui comptait 2 000 membres. Enfant, le petit Shike (diminutif de Yéhoshoua) était conscient des sentiments antisémites qui l'entouraient, mais il n'en était pas directement l'objet. Comme beaucoup de Juifs dans les bourgs et les villages polonais, la famille Levin était attachée à l'éducation religieuse, observait les fêtes juives et les autres rituels et savourait le goût si particulier des plats traditionnels du Shabbat. Le sionisme (le mouvement aspirant à la création d'un État juif dans la patrie historique des Juifs, alors sous contrôle britannique), était également important pour sa famille. Alex Levin évoque avec émotion les rencontres de son mouvement de jeunesse, le *Bétar*, à la lisière de la ville, lors desquelles ils chantaient en hébreu et écoutaient des récits se déroulant en Israël et mettant en scène des héros juifs. Fondé en Lettonie en 1923, le *Bétar* était l'un des nombreux mouvements de jeunesse qui ont joué un rôle important dans l'histoire des Juifs polonais de l'entre-deux-guerres. Ces groupes combattaient l'antisémitisme et contribuaient à développer le sens d'une identité juive. Par la suite, leurs leaders ont joué un rôle actif dans la résistance juive des ghettos et des camps durant l'Holocauste. Les réunions du mouvement de jeunesse ont été, selon les mots de l'auteur, un « moment magique » de sa vie.

En septembre 1939, tout a changé. Le 1er septembre, l'armée allemande a envahi la Pologne à l'ouest. Le 17 septembre, l'armée soviétique a pénétré à l'est. À la fin du mois d'août précédent, Hitler et Staline avaient signé un accord qui divisait la Pologne entre leurs deux pays. Rokitno, la ville d'Alex Levin, est tombée sous le joug soviétique. Avec l'avancée de l'Armée rouge dans le pays se terminait l'insouciante enfance d'Alex, à l'âge tendre de sept ans.

La vie sous les Soviétiques est devenue difficile pour les Juifs de Pologne. Levin ne se rappelle que quelques détails de cette première période d'occupation soviétique – par exemple, la confiscation et la nationalisation des entreprises privées et l'interdiction de toute instruction religieuse. Mais les familles juives sont demeurées dans leurs foyers, au sein de leur communauté. En juin 1941, cependant, lorsque l'Allemagne a envahi l'Union soviétique, reniant le pacte germano-soviétique et mettant fin à l'alliance entre les deux pays, la situation a changé du tout au tout. Rokitno a été rapidement occupée par l'Allemagne. Emboîtant le pas à l'armée allemande qui avançait vers l'est, des unités spéciales de la SS et de la police militaire se livraient à une campagne de meurtres sans précédent contre la population civile juive.

Les nazis utilisaient l'expression « Solution finale » pour décrire la politique de meurtre des Juifs mise en place dans les territoires qu'ils occupaient. En effet, l'objectif d'expansion vers l'est et d'asservissement des Slaves allait de pair avec un antisémitisme radical et violent qui était au cœur de l'idéologie nazie. Selon leur conception du monde, les Allemands représentaient la race « aryenne », supérieure, et avaient le droit de diriger toutes les autres races. Les Juifs étaient définis comme le peuple le plus vil et devaient être « exterminés ». Une fois commencée la Deuxième Guerre mondiale, la mise en place de la « Solution finale » s'est déroulée en deux étapes. Au cours de la première, qui a débuté avec l'occupation de la Pologne en 1939 et a duré jusqu'en juin 1941, les Juifs ont été privés de leurs droits, isolés dans des ghettos, forcés de porter des marques distinctives, humiliés, affamés et exploités. Beaucoup ont péri ou ont été tués. Au cours de la seconde phase, amorcée avec l'invasion allemande de l'Union soviétique, les Juifs sont devenus la cible d'une « extermination » totale. Les Juifs soviétiques (y compris ceux de la ville natale de Levin) devaient être méthodiquement abattus en masse. Parfois, le massacre était précédé d'une période initiale de ghettoïsation et de travail forcé jusqu'à ce qu'il y ait suffisamment de soldats et de munitions pour massacrer toute la population juive locale. La politique nazie de meurtre systématique, d'abord mise en place en URSS, a été rapidement élargie aux autres pays occupés par les Allemands ou alliés de ceux-ci.

Alex Levin raconte les expériences des Juifs de Rokitno vues à travers les yeux de l'enfant qu'il était et il nous donne les détails quotidiens qui ne sont pas pleinement perceptibles dans une vue d'ensemble de l'histoire de la politique nazie. Levin se rappelle avec une clarté poignante la création du ghetto de Rokitno, l'obligation pour les Juifs de porter l'étoile de David, la confiscation de leurs biens, le travail forcé, la famine. Comme les autres enfants, Alex a mis sa vie en danger pour se glisser hors du ghetto et échanger les quelques possessions de sa famille contre de la nourriture pour pouvoir survivre. Il raconte avec des détails qui glacent le sang le jour où les Juifs de Rokitno ont été massacrés. Le 26 août 1942, après avoir vécu sous le règne de la terreur pendant plus d'un an, les Juifs de Rokitno ont reçu l'ordre de se rassembler sur la place centrale pour être déportés vers un lieu de massacre situé en dehors de la ville. Beaucoup d'entre eux ont compris ce qui allait leur arriver et la foule a été prise de panique. Les gens se sont mis à courir, les polices nazie et ukrainienne ont alors commencé à tirer. Dans le chaos qui a suivi, le jeune Alex et son frère aîné Samuel se sont échappés en courant aussi vite et « aussi loin que possible de ce lieu funeste ».

À part les quelques Juifs de Rokitno qui, comme les deux frères Levin, sont parvenus à se sauver dans les bois, ceux qui n'ont pas été massacrés ce jour-là sur la place centrale ont été déportés à Sarny, à 40 kilomètres environ. C'est à cet endroit que, en quatre jours, à la fin du mois d'août 1942, les escadrons de la mort nazis ont assassiné plus de 18 000 Juifs. À ce moment-là, la mise en œuvre de la « Solution finale » était déjà bien avancée. Les historiens estiment qu'environ 2,7 millions de Juifs vivaient dans les territoires soviétiques occupés par les Allemands en 1941. Quand ces zones ont été libérées en 1943 et 1944, seuls 100 000 à 120 000 Juifs avaient survécu. La plupart avaient été tués dans des fusillades massives, mais beaucoup ont aussi péri dans les camps de la mort établis par les nazis plus à l'ouest.

Dans ce contexte, l'évasion des deux jeunes Levin relève véritablement du miracle. Alors que leurs parents étaient morts, que leurs amis et les membres de leur famille avaient été tués ou emmenés vers des lieux inconnus, les deux garçons ont fui désespérément les troupes nazies et ont échappé aux collaborateurs locaux, qui étaient principalement des Ukrainiens. De nombreux nationalistes ukrainiens, particulièrement dans l'ouest de l'Ukraine, voyaient l'invasion allemande de l'Union soviétique comme un moyen de libérer l'Ukraine du contrôle soviétique et polonais. Portés par des espoirs nationalistes ainsi que par une longue histoire d'antisémitisme, ils ont soutenu le génocide nazi.

D'autres Juifs ont échappé au génocide nazi en fuyant dans les forêts. En 1944, les zones très boisées de la Pologne orientale et de l'Ukraine sont apparues comme le seul refuge possible pour les Juifs, leur unique chance de survie. Contre toute attente, ces fugitifs de la forêt ont survécu pendant des années, échappant aux nazis, aux bandits en maraude et aux brutes qui collaboraient avec les nazis. Isolés et pourchassés, ils luttaient pour trouver de la nourriture, dans des conditions primitives et terribles. Les chercheurs estiment qu'environ 100 000 Juifs se sont réfugiés dans les forêts de Pologne, d'Union soviétique, d'Ukraine, de Lituanie et de Biélorussie. Environ 25 000 d'entre eux ont survécu. Beaucoup ont rejoint des groupes de partisans – des unités irrégulières, indépendantes qui organisaient la résistance contre les nazis et leurs alliés, brouillant les communications allemandes et menant bravement des actions de sabotage. En 1944, il y avait probablement quelque 250 000 partisans, animant des centaines de brigades en Pologne orientale, dans l'ouest de l'Union soviétique et en Ukraine.

Alex Levin n'avait que 10 ans et son frère Samuel 17 ans lorsqu'ils se sont réfugiés dans les bois. N'ayant pu rejoindre d'unité de partisans, les deux garçons se sont cachés pendant 18 mois. Ils ont rapidement rencontré d'autres Juifs qui avaient eux aussi échappé au massacre de Rokitno. Les fugitifs ont creusé un trou dans le sol, astucieusement camouflé, au fond de l'épaisse forêt et ils ont réussi à trouver de la nourriture, à se fabriquer des vêtements et à survivre. Ils sont même parvenus à établir un semblant de routine. Comme le note Levin, en d'autres circonstances, cela aurait été une aventure;

dans les faits, ils ont enduré une terreur et des épreuves inimaginables. La plupart des Juifs cachés dans les forêts ont été tués par des pa-
trouilles nazies, par les populations locales ou par des partisans antisémites. D'autres sont morts de faim, de maladie ou de froid pendant
le rude hiver. « La mort, écrit Levin, faisait vraiment partie de notre
vie dans la forêt. » Pourtant, en dépit de ses terreurs, le petit garçon
est parvenu à devenir l'ami de la forêt, dont les sombres profondeurs
le protégeaient de ceux qui voulaient l'assassiner. Cruellement privé
de sa famille, de sa maison, de sa communauté, de la protection que
la société devrait offrir à ses citoyens, le petit Shike s'est aperçu que
la forêt devenait « sa forteresse, sa meilleure amie, son refuge et son
foyer ». La résilience d'Alex et son identification avec son environnement sont fascinantes. « La forêt nous a donné la vie, écrit-il. Elle
nous a sauvés. » Son histoire témoigne de sa volonté de vivre.

Le récit de sa survie a une valeur particulière parce qu'il nous
offre une perspective rare et originale sur l'Holocauste. Peu d'enfants juifs ont survécu à la machine de mort nazie. Plus rares encore
sont ceux qui ont survécu en se cachant dans les bois pendant une
longue période de temps. La bonté occasionnelle d'un paysan ou
d'un partisan permettait aux garçons de vivre un jour de plus; le
plus souvent, la cruauté des populations locales ajoutait à leurs souffrances. Le témoignage d'Alex Levin, comme les récits d'autres survivants, nous révèle les dangers que couraient les Juifs dans les territoires occupés par les nazis. De nombreux Polonais et Ukrainiens
se conduisaient de façon aussi sadique que les Allemands. Ceux
qui tentaient d'abriter des Juifs ou de leur procurer de la nourriture
le faisaient au péril de leur propre vie, comme ces deux Polonais,
Ludwik Wrodarczyk et Felicja Masojada, abattus par des collaborateurs pour avoir aidé les jeunes Levin entre autres. En fin de compte,
c'est l'Armée rouge qui a sauvé Alex. En janvier 1944, au bout d'un
an et demi de vie clandestine dans la forêt, il est sorti des bois avec
les troupes soviétiques qui l'ont trouvé. Prenant pitié de l'orphelin
de 11 ans qui n'avait nulle part où aller, l'administration militaire so-

viétique l'a invité à rejoindre la 13ᵉ armée comme auxiliaire dans un hôpital de campagne. Parce que son nom yiddish, Shike, n'était pas familier aux oreilles russes, il a été surnommé Shoura ou Shourik, deux diminutifs d'Alexandre, qui allait devenir peu après son nom officiel. Pendant l'année suivante, Alex Levin a été « fils du régiment », accompagnant les troupes soviétiques à travers la Pologne et en Allemagne. Il soignait les malades et les blessés. Durant ses déplacements avec l'Armée rouge, il a pris la mesure de ce qui était arrivé à sa famille et aux Juifs de Pologne qui avaient été assassinés, ainsi que du prix de la guerre. Sa description de ces expériences offre un rare aperçu de la conduite des soldats soviétiques pendant cette période, la bonne comme la mauvaise. Les mêmes troupes qui avaient adopté et soigné Alex pillaient et violaient la population civile de leur ennemi désormais vaincu. Pourtant, ce sont l'affection et la chaleur des hommes de son unité qui ressortent le plus. Ces hommes « courageux, sensibles et honnêtes » lui ont redonné le sentiment d'appartenir à une communauté. L'armée est devenue sa famille, son premier foyer après la forêt.

En avril 1945, la guerre a pris fin pour Alex. Il a reçu l'ordre de se rendre à Moscou avec d'autres jeunes orphelins de guerre maintenant sous la protection de l'Armée rouge et on lui a offert la possibilité d'aller à l'école et de raccommoder les lambeaux de sa vie.

Si les mémoires de Levin s'étaient arrêtés avec son départ pour Moscou, ils constitueraient une contribution importante à notre compréhension des souffrances des enfants juifs pendant ces années et de la dureté de la survie dans les forêts d'Europe de l'Est, à l'écart de la civilisation. Mais son voyage ne s'arrête pas en 1945 avec la défaite de l'Allemagne nazie. Au contraire, il explore sa vie après la guerre, en Union soviétique, et il nous offre un aperçu non seulement du chemin extraordinaire parcouru par un homme étonnant mais aussi des tournants de l'histoire.

À la fin de la guerre, Levin rêvait d'une carrière militaire. Inspiré par la sollicitude et le courage de ceux qui l'avaient recueilli durant les 18 derniers mois de la guerre, il voyait dans la vie militaire un moyen de venger et d'honorer la mémoire de sa famille et de protéger les innocents. Il ressentait aussi un profond sentiment de gratitude envers l'Union soviétique. En quoi il était loin d'être le seul : l'Union soviétique était devenue une sorte de sanctuaire pour les Juifs fuyant les nazis durant l'Holocauste. On estime à un million le nombre de Juifs qui ont ainsi échappé au génocide, parmi lesquels le frère aîné d'Alex, Nathan. Quoique beaucoup de ces réfugiés aient été tenus en suspicion et envoyés dans des camps de travail en Sibérie, ces déportations leur ont aussi sauvé la vie. D'autres réfugiés juifs ont survécu en URSS et, comme Levin, ont rejoint le combat contre les nazis. Poursuivant son rêve, celui-ci est entré dans la célèbre École militaire Souvorov à l'âge de 13 ans, à l'automne 1945. Il y a formé des amitiés solides, a brillamment réussi ses études et, après deux ans dans une école d'infanterie, est sorti officier de la prestigieuse Armée rouge. Par la suite, il ne s'est pas senti autant accepté en Union soviétique qu'il l'avait été en tant que fils du régiment et élève vedette de l'école militaire. Au contraire, il a atteint l'âge adulte au plus fort d'une nouvelle campagne de persécution antisémite, dirigée cette fois par Joseph Staline. Par une ironie de l'histoire, l'Union soviétique n'a remporté une victoire décisive sur ses plus grands ennemis, les nazis, que pour incorporer le cœur du programme politique de ceux-ci, l'antisémitisme. Après avoir été soumis à l'étoile jaune des nazis et y avoir survécu, Alex Levin s'est trouvé confronté à l'étoile rouge de l'Union soviétique.

Les années de l'immédiat après-guerre en Union soviétique ont été caractérisées par une répression sociale et politique avec de graves implications pour la population juive. L'antisémitisme, bien sûr, n'était pas un phénomène nouveau en Russie. Sous le régime tsariste, dans l'empire russe, les Juifs avaient été en butte à des persécutions religieuses et à des restrictions en termes d'éducation, de profession et de résidence. À la fin du XIXᵉ siècle, ces persécutions ont mis leurs vies en danger lorsque deux vagues de pogroms sanc-

XX ÉTOILE JAUNE, ÉTOILE ROUGE

tionnées par le gouvernement, en 1881 puis en 1903, ont rendu la vie intenable pour les Juifs dans la Russie tsariste. Du fait de l'oppression dont ils étaient victimes, de nombreux Juifs ont participé activement à la Révolution russe, qui promettait une société basée sur l'égalité. Et il est exact que Vladimir Lénine a condamné l'antisémitisme quand il a renversé le régime tsariste. Quoique le nouveau régime ait été hostile à la religion en général, la situation sociale, économique et politique des Juifs s'est améliorée.

Cependant, à la fin des années vingt, l'arrivée de Staline au pouvoir a entraîné une nouvelle période de répression. Cherchant à consolider son pouvoir et à transformer l'URSS en un État moderne et industriel, Staline a introduit une « révolution par le haut » et une ère de terreur politique. Presque toute la population a subi les conséquences de la politique brutale de Staline qui comprenait la collectivisation, l'industrialisation forcée, les transferts massifs de population, les purges politiques, les arrestations et les exécutions de masse. À la fin des années trente, la politique de Staline avait fait 20 millions de victimes. Sous Staline, l'Union soviétique est devenue l'un des États les plus policiers du monde. La peur constituait un élément essentiel de la vie quotidienne. Dans cette société terrorisée, les Juifs étaient souvent visés. En fait, on parlait officiellement de l'autonomie culturelle des diverses nationalités composant l'URSS (les Juifs, *Yevreï* en russe, faisaient partie des nationalités), mais, en fait, tous les groupes ethniques ou nationaux ayant des caractéristiques ou des aspirations qui les singularisaient ou les différenciaient par rapport à la collectivité d'ensemble étaient tenus en suspicion et persécutés. Parmi eux figuraient, outre les Juifs, les Tatars de Crimée, les *koulaks* (les paysans propriétaires aisés) et bien d'autres. Même si les historiens ne mettent pas en doute l'antipathie personnelle de Staline envers les Juifs, sa persécution, à l'inverse de celle de Hitler, ne reposait pas sur un dogme racial.

Le combat à la vie à la mort opposant l'Union soviétique à l'Allemagne nazie a renforcé l'atmosphère de répression politique, sociale et culturelle en URSS. L'armée dépendait de la loyauté et du soutien des groupes ethniques et nationaux qui la constituaient et étaient importants en nombre, et les minorités, dont les Juifs, ont rapidement pu profiter du relâchement des pressions et des restrictions de l'avant-guerre. Aussi longtemps que l'URSS s'est trouvée aux prises avec l'Allemagne nazie, Staline a fait appel au patriotisme des Soviétiques, minimisant l'idéologie communiste pour inciter toute la population à soutenir la Grande Guerre patriotique, comme les Soviétiques appelaient leur conflit avec l'Allemagne pendant la Deuxième Guerre mondiale. De nombreux groupes qui avaient été auparavant persécutés, privés de leurs droits, déportés et assassinés ont été réhabilités. Enrôlés dans l'armée, ils ont courageusement lutté pour leur pays. On estime à plus d'un demi-million le nombre de Juifs ayant combattu dans l'Armée rouge et sans doute à 100 000 le nombre ayant péri au combat. Alex Levin a rencontré bon nombre de ces officiers juifs, hommes et femmes, quand il a voyagé avec l'Armée rouge. Dans cette atmosphère, il est remarquable qu'Alex ait rarement entendu de propos idéologiques ou antisémites lorsqu'il était « fils du régiment » ou même jeune cadet à l'école militaire.

De nombreux citoyens soviétiques espéraient qu'une politique plus tolérante suivrait la fin de la guerre. Cependant, peu après la défaite allemande, Staline a entamé une nouvelle ère de vigilance idéologique qui a eu de lourdes conséquences pour les Juifs. En 1948, une nouvelle campagne a été lancée contre les « influences étrangères ». Elle visait plusieurs groupes, dont l'intelligentsia, les artistes, les écrivains et les musiciens. Toute personne susceptible d'influencer l'opinion en matière de culture devait désormais se conformer strictement à la ligne du Parti. Cette politique visait aussi directement et ouvertement les Juifs, en butte à une campagne de calomnies, d'arrestations, d'exécutions et de déportations. Les médias, contrôlés par l'État, réclamaient l'élimination du « cosmopolitisme » et de « l'individualisme » bourgeois qui menaçaient les soi-disant idéaux collectifs soviétiques. Ils dénonçaient en particulier les « cosmopolites sans racines » – référence indirecte aux Juifs. Les flammes de la ferveur idéologique et antisémite étant ainsi attisées, les cinq années suivantes ont vu une augmentation d'actions antisémites meurtrières commises en toute légalité par le gouvernement, ainsi que d'agressions émanant de simples citoyens contre leurs voisins juifs.

La décision prise par la direction soviétique de sévir une fois de plus au lieu de libéraliser le régime en dit long sur le climat de profonde insécurité qui régnait dans l'URSS de l'immédiat après-guerre. Quoique le pays ait émergé victorieux, il avait perdu environ 30 millions d'habitants pendant la guerre et son infrastructure industrielle et ses transports étaient détruits. L'Union soviétique faisait face maintenant à des années de privations économiques. Ces défis ont été exacerbés en 1946 par une grave sécheresse qui a déclenché une famine occasionnant la mort d'environ 1,5 million de personnes. De plus, lors de leur service dans l'Armée rouge, de nombreux citoyens soviétiques étaient entrés en contact avec la culture ouest-européenne, plus prospère et plus ouverte. Staline craignait que cette expérience ne provoque de l'agitation en faveur de changements. Ces pressions ont conduit les autorités soviétiques à couper l'URSS des influences extérieures.

Les mémoires d'Alex Levin offrent un aperçu de cette période extrêmement tendue. Lorsqu'il était cadet à l'école militaire juste après la guerre, il était plus préoccupé par les cours, les exercices militaires, le sport et les filles que par la politique et l'idéologie. Mais il prenait progressivement conscience de la détérioration de l'atmosphère, particulièrement lorsqu'il a appris que l'un de ses mentors les plus importants avait été visé par la nouvelle campagne et assassiné par la police secrète soviétique. Le célèbre acteur et metteur en scène juif Solomon Mikhoels était directeur du Comité antifasciste juif (CAJ), un groupe de personnalités juives connues, établi à la demande de Staline pour influencer l'opinion publique internationale et organiser à l'Ouest, particulièrement aux États-Unis et au Canada, le soutien politique et matériel de l'effort de guerre soviétique. Vers la fin de la guerre, le CAJ s'est mis à recueillir des documents et à parler publiquement du meurtre massif des Juifs durant le génocide nazi. Cependant, la politique officielle soviétique ne reconnaissait pas le génocide des Juifs. Dans le discours officiel, des atrocités avaient été commises contre l'ensemble les citoyens soviétiques. Tant les contacts du CAJ avec les Américains pour aider l'effort de guerre soviétique que leur insistance pour reconnaître les victimes juives du nazisme en ont fait une cible de choix durant la période d'intenses persécutions de l'après-guerre. Peu après le meurtre de Mikhoels, les autres membres du CAJ ont été également arrêtés, emprisonnés et exécutés. En 1952–1953, la campagne avait atteint son paroxysme. En 1952, par exemple, 13 écrivains yiddish éminents ont été exécutés sur de fausses accusations de trahison et d'espionnage, un événement nommé « la nuit des poètes assassinés ». L'année suivante, Staline a visé les médecins juifs dans ce qu'on a appelé « le complot des blouses blanches », prélude à une nouvelle purge massive et meurtrière. Les historiens pensent qu'une déportation massive des Juifs vers la Sibérie orientale aurait eu lieu si Staline n'était pas mort en mars 1953.

Cette détérioration de la situation était révélatrice de la profondeur de la suspicion dont l'administration soviétique entourait les Juifs, suspicion qui a été renforcée par le développement chez les Juifs soviétiques d'un sentiment de solidarité envers les Juifs victimes de l'Holocauste et du renforcement de leur identité juive. Elle a été également exacerbée par l'établissement de l'État d'Israël en 1948, qui offrait aux Juifs soviétiques une patrie à l'étranger. Bien que l'Union soviétique ait initialement soutenu la création de l'État d'Israël, l'opposition soviétique aux États-Unis pendant la guerre froide a compliqué les relations avec le nouveau pays. Outre la présomption que les Juifs soviétiques étaient écartelés entre deux pays, le soutien soviétique à l'Égypte et à la Syrie faisaient que le conflit des superpuissances au Moyen-Orient affectait la politique intérieure de l'URSS envers la communauté juive.

C'est avec la campagne antisémite de Staline en toile de fond qu'Alex Levin a reçu son diplôme de l'École militaire Souvorov et a débuté sa carrière militaire. En fait, même si le jeune Alex était conscient de ce qui se passait pendant qu'il était à l'école militaire, il a été surpris malgré tout lorsqu'en 1951, la politique antisémite de Staline l'a affecté personnellement. Au printemps de cette année-là, Levin, sorti dans les premiers de sa promotion à 19 ans, s'est vu refuser la prestigieuse nomination qu'il méritait. Au lieu de cela, on l'a relégué dans une carrière de second ordre, sans possibilité d'affectation intéressante ni de promotion. Malgré ses efforts et ses succès, ses opportunités restaient limitées du seul fait qu'il était juif. Le sentiment d'avoir été trahi par cette patrie d'adoption qu'il aimait si sincèrement ne devait plus le quitter.

La confrontation permanente et démoralisante avec l'antisémitisme entériné par les autorités dans les années cinquante et soixante montre clairement que, même après le démantèlement du stalinisme, les préjugés contre les Juifs ont continué à influencer la politique du gouvernement soviétique. Levin et les autres Juifs soviétiques, pour la seule raison qu'ils étaient juifs, étaient considérés comme une menace pour la sécurité et des traîtres en puissance. Sur la base de cette présomption, ils étaient exclus de la vie politique et de certaines carrières et professions, dont l'armée, la police secrète et l'appareil du Parti. Au moment même où on aurait eu le plus besoin de leurs talents, on a empêché de jeunes gens patriotes et motivés comme Alex Levin d'apporter leur contribution à la société soviétique. La discrimination professionnelle et politique à l'égard des Juifs venait s'ajouter à la longue tradition de restrictions en matière d'éducation religieuse et de vie culturelle et religieuse juive. Le gouvernement soviétique continuait à utiliser les médias et d'autres moyens de propagande pour stigmatiser les Juifs. Même si les conséquences étaient moins funestes qu'elles ne l'avaient été sous Staline, l'Union soviétique était, comme le note l'auteur, un pays où « il n'y avait ni présent ni avenir » pour les survivants juifs de l'Holocauste.

La situation de Levin est devenue intolérable lorsqu'Israël a vaincu l'Égypte et la Syrie, deux États-clients des Soviétiques lors de la guerre de Six Jours, en 1967. Il savait depuis longtemps que ses deux frères survivants résidaient en Israël et son désir d'en savoir plus et d'entrer en contact avec eux allait à l'encontre du fait que ces « connexions étrangères » pouvaient le rendre suspect aux yeux des Soviétiques. Quand la femme de son frère Samuel est venue le voir à Moscou en 1964, il était surveillé par les redoutables services de contre-espionnage soviétiques. Après la guerre de 1967, le fait qu'il ait de la famille en Israël a totalement bloqué sa carrière militaire.

Quelques années plus tard, comme bien d'autres Juifs soviétiques qui enduraient le poids de l'oppression étatique, Alex Levin a demandé le droit d'émigrer. Dans les années soixante-dix, des milliers de Juifs avaient engagé des procédures pour obtenir des visas de sortie et quitter l'Union soviétique. L'acte de candidature en soi était risqué : l'Union soviétique considérait comme traîtres ceux qui s'étaient portés candidats. Ils étaient fréquemment licenciés, ainsi que la plupart des membres de leur famille, et souvent expulsés de leur logement. Sans emploi, ils étaient alors classés parmi les « parasites sociaux », un crime en Union soviétique. La vaste majorité des candidats se voyait refuser le droit d'émigrer. On les appelait des *refuzniks* et le traitement qu'ils recevaient a déclenché des manifestations de protestation massives dans de nombreux pays occidentaux. Le Kremlin a fini par fléchir et a accordé des visas de sortie à quelques *refuzniks*. Levin faisait partie des chanceux qui n'ont pas essuyé de refus. Il a quitté l'Union soviétique en 1974, en proie à une multitude d'émotions contradictoires. De nombreux souvenirs importants le rattachaient au pays qui lui avait offert un asile au tout début. Mais il était très désireux de troquer les persécutions et l'oppression subies en Union soviétique contre la liberté et l'égalité de la société canadienne. Il est arrivé à Toronto en 1975.

Les sentiments complexes d'Alex Levin reflètent ceux de nombreux réfugiés juifs soviétiques. Sauvés par l'Armée rouge ou s'étant échappés en Union soviétique, de nombreux Juifs polonais de l'avant-guerre éprouvaient de la reconnaissance et même de l'amour pour leur pays d'asile. Il exprime sa profonde gratitude envers l'Armée rouge et ceux qui lui ont offert leur soutien et l'ont intégré dans leur communauté, y compris l'école militaire qui est devenue son foyer et sa famille adoptive. Ses mémoires montrent clairement combien il désirait servir l'URSS après la guerre. Mais si les Soviétiques avaient sauvé la vie d'Alex Levin, en réalité, jamais ils ne lui avaient offert une liberté pleine et entière. Les restrictions antisémites officielles entrées en vigueur au moment où il recevait son diplôme de l'école militaire lui ont montré que son nouveau pays ne l'acceptait pas pleinement. Son expérience durant la guerre froide a renforcé ce sentiment. La véritable libération de Levin a eu lieu lorsqu'il est arrivé au Canada.

Comme de nombreux immigrants, Alex Levin s'est rendu compte que le chemin de l'intégration complète dans la société canadienne était un mélange de défis et d'opportunités. Il lui fallait s'adapter à un système entièrement nouveau qui différait en tous points de celui qu'il avait assimilé en Union soviétique. Il devait non seulement vivre dans une nouvelle langue, mais aussi apprendre à composer avec des normes professionnelles différentes, une gestion financière différente, un système juridique différent. À l'instar de nombreux néo-Canadiens, il s'est consacré à bâtir une nouvelle vie canadienne et a travaillé dur pour s'implanter dans son nouveau pays avec sa famille. En tant que Canadien, il était libre – comme il ne l'avait jamais été en Union soviétique – de s'identifier à la communauté juive canadienne, avec laquelle il partageait une histoire et l'espoir d'un avenir meilleur.

Les mémoires d'Alex Levin nous rappellent l'importance de souvenirs tels que les siens – l'importance de toutes les histoires de ceux qui ont survécu à un univers tragique de mort, de destruction et de pertes irrémédiables. L'histoire de Levin est celle du parcours d'un petit garçon et d'un homme ordinaire devenu héroïque face à un destin affreux, mais elle recoupe aussi, à travers les souvenirs évoqués, l'histoire plus large de la résistance et de la survie des Juifs contre les pires obstacles.

La vie d'Alex Levin est constituée d'une suite de « familles » créées puis perdues, d'enracinements et de déracinements constants. La chaleur du foyer de son enfance à Rokitno, l'amour des siens, les amitiés au sein de son mouvement de jeunesse, tout a été pulvérisé par des forces extérieures et perdu à jamais. Son abri précaire au fond des bois, lieu terrifiant mais aussi instrument de survie, a fait place à la protection de l'armée soviétique en route vers l'ouest, vers une Allemagne vaincue. La camaraderie de l'Armée rouge et la sollicitude manifestée envers ce petit orphelin de guerre ont permis au jeune Alex de créer de nouveaux liens affectifs. Ceux-ci ont également disparu à l'issue de la guerre. L'esprit de corps et le sens du devoir qui animaient l'armée soviétique, son mélange de discrimination et de préjugés, mais aussi d'estime et de promotion, ont trompé Alex du fait de la contradiction interne qui existait entre la promesse d'égalité et le manque de tolérance envers les Juifs. Le foyer qu'il crée avec sa femme éclate non pas une mais deux fois, sous la pression d'un régime opprimant et inquisiteur qui se retourne contre ses propres citoyens. Finalement, sur le sol canadien, Levin rebâtit son foyer, sa famille et sa vie une dernière fois, tandis que sa femme et sa fille le rejoignent, confiantes qu'un avenir meilleur les attend au Canada.

Alex Levin attribue sa survie miraculeuse à la chance. La chance a certainement joué un rôle important, comme c'est le cas pour tous les survivants de l'Holocauste. Mais il a survécu aussi grâce à son extraordinaire résilience, à ses ressources personnelles et grâce à la bonté et au courage dont certaines personnes ont fait preuve à des moments cruciaux. On pourrait dire que la vie de Levin lui a fait connaître les extrêmes de la nature humaine : le comble du mal et le comble du bien, la cruauté meurtrière et la bonté salvatrice. « On se souvient plus facilement du mal que du bien », note-t-il. Pourtant, ses mémoires évoquent tout autant les gens courageux qu'il a rencontrés, les « vraies âmes généreuses » qui ont mis leur vie en péril pour le sauver, lui et d'autres, du génocide. Lire les mémoires d'Alex Levin, c'est suivre ses traces dans un monde où les choix éthiques ont une importance vitale. Ils nous invitent à nous souvenir du passé et nous redonnent confiance en l'avenir.

Naomi Azrieli
Sara R. Horowitz
2009

Les auteures aimeraient remercier Irving Abella pour sa contribution à une version antérieure de cette introduction.

RÉFÉRENCES BIBLIOGRAPHIQUES

Arad, Yitzhak. « The Destruction of the Jews in German-Occupied Territories in the Soviet Union, » in *The Unknown Black Book: The Holocaust in the German-Occupied Soviet Territories*, dir. Joshua Rubenstein et Ilya Altman. Bloomington : Indiana University Press, 2008.

Conquest, Robert. *The Great Terror: A Reassessment.* New York : Oxford University Press, 1990.

Friedländer, Saul. *The Years of Extermination: Nazi Germany and the Jews, 1939–1945.* New York : Harper Collins, 2007.

Gittleman, Zvi. *A Century of Ambivalence: The Jews of Russia and the Soviet Union, 1881 to the Present.* Bloomington : Indiana University Press, 2001.

Laqueur, Walter, dir. *The Holocaust Encyclopedia.* New Haven : Yale University Press, 2001.

Pinkus, Benjamin. *The Jews of the Soviet Union.* Cambridge University Press, 2003.

Redlich, Shimon, dir. *War, Holocaust and Stalinism: A Documented History of the Jewish Anti-fascist Committee in the USSR.* Oxford : Taylor and Francis, 1995.

Ro'i, Ya'akov, dir. *Jews and Jewish Life in Russia and the Soviet Union.* Oxford : Taylor and Francis, 1995.

cercle polaire arctique

NORVÈGE

SUÈDE

FINLANDE

Mer du Nord

Mer Baltique

Leningrad

Kandalakcha

Mer Blanche

URSS

DANEMARK

ESTONIE

LETTONIE

LITUANIE

PRUSSE OR. (ALLEMAGNE)

MOSCOU

BERLIN

POLOGNE

Voronej

ALLEMAGNE

VARSOVIE

Vladimir-Volynsky

Sarny

Rokitno

Vistule

Sandomierz

Dubno

Brody

Kiev

Lubny

TCHÉCOSLOVAQUIE

VIENNE

AUTRICHE

HONGRIE

ITALIE

YOUGOSLAVIE

ROUMANIE

Odessa

Eupatoria

Mer Noire

ROME

BULGARIE

Frontières de 1937

0   400   800 km

0   400 miles

© 2010 The Azrieli Foundation

Je dédie ce livre à ma fille unique, Yelena, et à mes petits-enfants, Jonathan et Michaela, pour qu'ils connaissent leurs racines et transmettent cette histoire à leurs enfants et à leurs petits-enfants.

Je dédie ce livre aussi aux Justes parmi les nations, qui ont risqué leur vie pour sauver des Juifs, aux survivants de l'Holocauste et à leurs efforts pour reconstruire leurs vies brisées, ainsi qu'à mes camarades cadets, pour leur amitié à travers les années.

J'aimerais remercier ma femme Marina et mon frère Samuel pour leur patience et leur soutien pendant le voyage de ma vie, ainsi que Craig Dershowitz, Howard Cooper, Eugene Grin-Gnotovsky et l'équipe de la Fondation Azrieli pour leur aide et leurs conseils.

Je veux que vous écriviez ce livre. Puisque vous avez décidé d'être fidèle à votre vie, à sa mémoire, ne vous écartez pas du sentier choisi.

YOURI NAGUIBINE

Préface de l'auteur

Mes sensations ne m'ont pas quitté.

Je vois encore les visages de haine ravagés par la guerre tout autour de moi. Je vois le sang. Je sens l'épaisse fumée écœurante qui s'élevait dans le ciel après que les armes du mal avaient déchiré l'air. Des bâtons sanglants se dressent vers le ciel, levés haut par des mains ensanglantées avant de s'abattre à nouveau. J'entends les chiens aboyer, les crocs découverts, bondissant vers le même ciel indifférent, essayant de briser leurs chaînes pour se joindre au carnage environnant. J'entends le murmure étouffé de confusion et de peur suivi de hurlements de douleur désespérés. Pire, j'entends les cris d'innocentes victimes succombant dans un dernier souffle. Je sais que ces victimes sont mes amis, des enfants qui, quelques mois plus tôt, jouaient avec moi après l'école, des voisins avec qui on échangeait de menus objets, des enseignants et des rabbins qui nous avaient inculqué l'amour et l'honneur.

Je sens la main de mon frère, tremblante mais forte, saisir la mienne. J'entends ses mots qui me pressent de courir, de prendre le contrôle de mon corps et de bouger mes jambes. Nous courons, sa main tenant la mienne de toute la force de l'amour et de l'honneur qui, on ne sait comment, ont réussi à survivre. Je sens encore la pression de sa main sur la mienne tandis que j'écris ces mots. Elle a la force de mille hommes, peut-être de six millions d'hommes, mais pour moi, elle symbolise la liberté. Pendant une fraction de seconde, nous sommes victorieux et je savoure la douceur de l'évasion. Puis, blottis en sécurité au cœur d'un buisson, dans les profondeurs de la forêt, je pense à ma mère et je sens le goût aigre et nauséabond de la colère et de la perte irrémédiable.

Ces sensations ne m'ont pas quitté.

~

Écrire un livre qui capture les événements du passé à grande échelle est une tâche ingrate, voire impossible. Je trouve difficile de ne pas me perdre dans les détails, de ne pas succomber à l'émotion ni de céder aux illusions. Cela fait longtemps que je ressens une forte envie de coucher mon histoire sur le papier et, de temps en temps, j'ai griffonné des épisodes séparés, mais avec du mal. La principale motivation pour écrire ce livre est cependant venue d'Elie Wiesel qui a dit que toute personne ayant souffert sous le régime nazi a une histoire unique, ce qui nous a fortement incités à la raconter en entier.

Je suis arrivé à la conclusion que de tels livres sont extrêmement utiles. Non seulement ils laissent aux futures générations un récit véridique du passé, mais ils aident aussi leurs lecteurs à évaluer la vie présente. Je sais que ce sera un testament laissé par nous, les survivants, à la mémoire de ceux qui ont été assassinés.

Dans ce livre, je raconte l'histoire d'une famille juive ordinaire prise dans les événements de la Deuxième Guerre mondiale et de l'Holocauste. C'est l'histoire de trois frères qui ont survécu mais qui ont été séparés pendant plus de trente ans. C'est l'histoire de notre survie en dépit des forces cruelles et puissantes qui s'attaquaient à nous : elle dit comment nous avons échappé aux exécutions, comment nous avons erré, sans abri, d'un village à l'autre, d'une ferme à l'autre, comment nous avons trouvé de la nourriture dans la nature, elle décrit quelles étaient nos relations avec la population locale.

Comment est-il possible qu'au XXᵉ siècle, deux enfants aient pu vivre de façon primitive dans la solitude, au cœur de la forêt, pendant presque un an et demi, persécutés par un ennemi impitoyable et acharné à leur perte, et survivre malgré tout ? Et après tout cela, comment ai-je pu survivre à la dictature de Staline ?

Plus d'un demi-siècle a passé. La nature humaine est telle qu'avec l'âge, notre mémoire commence à faiblir. Le monde du passé s'efface rapidement et sera bientôt enterré dans les annales de l'histoire. Il me faut trouver en moi la force de revivre la douleur. Il est difficile de parler de la douleur, mais encore plus difficile d'écrire sur elle. Cette douleur a pénétré ma chair et mon sang. C'est quelque chose que j'ai toujours senti et dont je fais l'expérience tous les jours. Mes souvenirs ne se laissent pas couler dans des phrases faciles.

Je me souviens d'avoir lu que la mémoire ressemble à une pelote de fil. Tirez un brin et elle commence à se dévider. Mais les fils de la mémoire se déchirent, font des nœuds, s'embrouillent. Il faut du temps pour tout remettre en ordre. Je ne me rappelle que certains détails, des faits qui vibrent dans ma mémoire. Toute ma vie, j'ai essayé d'oublier le passé. La colère m'enflammait chaque fois qu'on me posait des questions douloureuses sur mon passé. J'ai toujours senti la futilité d'essayer d'expliquer à quiconque ce qui m'était arrivé parce qu'ils n'avaient pas eu l'expérience directe de ces horreurs et qu'il était improbable qu'ils comprennent la profondeur de mes émotions. On pourrait se demander pourquoi je crois encore à la bonté humaine après tout ce que j'ai vécu.

Les survivants de l'Holocauste revitalisent l'histoire par le seul fait de leur existence. Mais pendant longtemps, l'Holocauste lui-même n'a pas été fidèlement reflété dans l'histoire parce que les survivants gardaient le silence. Nous n'étions pas prêts à parler de nos expériences. Les événements étaient trop proches, nos blessures étaient encore fraîches. Toute notre énergie était dirigée vers l'avenir. Mais la raison la plus importante de notre silence tenait au fait que personne n'était vraiment prêt à nous écouter.

Les années ont vite passé. Maintenant, quand je me tourne vers le passé, quand j'essaie d'analyser ce qu'ont vraiment été mon enfance et mon adolescence, je dis toujours qu'elles ont été à la fois heureuses et malheureuses. Le nazisme et la dictature soviétique ont provoqué le malheur. Le bonheur est venu des gens généreux que j'ai rencontrés et de mes amis.

Ma génération est la dernière à avoir connu personnellement ceux qui ont risqué leur vie pour combattre les horreurs de l'Holocauste. Il est de notre responsabilité solennelle de transmettre ce savoir à nos enfants et à nos petits-enfants. La période de silence est terminée. Il faut que le monde sache exactement ce qui s'est passé dans cette période de ténèbres pour empêcher que cela ne se reproduise. Nous devons élever les jeunes générations dans la liberté pour éviter qu'elles n'aient à traverser ce que la nôtre a connu. Nous avons le devoir d'enseigner aux jeunes d'aujourd'hui la valeur de l'unité et de la fraternité. Nous devons les convaincre qu'en traitant bien les autres, de manière inconditionnelle, nous enrichissons notre vie et nous devenons meilleurs. Comme l'a dit Martin Bormann, le fils de l'impitoyable adjoint de Hitler : « C'est seulement si nous nous rappelons notre passé que nous sommes capables de vivre dans le présent et pouvons espérer bâtir un nouvel avenir. » Nous devons vivre avec toute l'énergie et la conviction d'un avenir prometteur.

Dans le shtetl de Rokitno

Mais tiens-toi sur tes gardes. Ne va pas oublier ces choses que tes yeux ont vues, ni les laisser, en aucun jour de ta vie, sortir de ton cœur; enseigne-les à tes enfants et aux enfants de tes enfants.

DEUTÉRONOME 4,9

Je suis né dans la petite ville polonaise de Rokitno[1] en 1932 et je n'avais que sept ans quand la Deuxième Guerre mondiale a commencé. La partie de la ville où vivait ma famille était essentiellement juive. J'habitais avec mon père, Mordechaï, ma mère, Mindl, et mes trois frères : Nathan, qui avait dix ans de plus que moi, Samuel, qui avait sept ans de plus, et Moïshe, qui en avait cinq de moins.

Rokitno était un endroit pauvre et modeste, mais situé dans un paysage d'une beauté majestueuse. Il y avait une petite rivière, lieu favori des jeunes, ainsi que des puits donnant une eau pure, fraîche et inoubliable. On y découvrait un parc et même un vieux château environné d'immenses chênes. Tout autour du village, servant à la fois de barrière et de ressource naturelle, s'étendait une vieille forêt

---

[1] La ville de Rokitno, où Alex Levin a passé ses premières années, était à une vingtaine de kilomètres de la frontière soviético-polonaise de 1939 et fait maintenant partie de l'Ukraine.

luxuriante, épaisse, dense, qui était de loin la caractéristique la plus importante du lieu.

L'histoire des Juifs de Pologne remonte à un millier d'années et celle de Rokitno est plus importante que ne le laisserait penser sa taille. C'était à l'origine un petit village, puis une ville nouvelle a été construite en bordure du vieux village quand une fabrique de verre et un chemin de fer ont été construits au début du XXᵉ siècle. Ce sont des hommes d'affaires juifs qui ont amené la prospérité dans notre petite ville. Eliahou Mikhaïlovitch Rosenberg, originaire de Belgique, a construit la fabrique de verre de Rokitno vers 1899 et celle-ci a eu le monopole des bouteilles destinées aux distilleries nationales de vodka. Le sable local, riche en silice, rendait notre ville idéale pour l'établissement de l'usine de verre qui employait un grand nombre d'habitants juifs, polonais et ukrainiens. Rokitno avait été choisie pour des raisons économiques – la vaste forêt qui l'entourait procurait le bois qui servait de combustible et, comme cette région se trouvait au milieu de nulle part, la main d'œuvre y était bon marché. Une ligne de chemin de fer a desservi la ville à partir de 1902.

Les premiers à venir se fixer dans la nouvelle ville de Rokitno étaient principalement des Juifs et mon grand-père, Sheptl Levin, en faisait partie. Comme son père, il était rabbin et *shohet*, c'est-à-dire une personne formée pour abattre les animaux de façon à ce que la viande soit kasher[2]. En 1913, la communauté a élu mon grand-père pour qu'il se rende en Palestine (Éretz Israël, comme on l'appelait) pour y acheter de la terre pour les Juifs de Rokitno qui projetaient de s'y installer. Ces nouveaux arrivants dépendaient pour la plupart des fermiers locaux qui leur vendaient leur surplus de grain,

---

2   Les Juifs religieux suivent des règles pour leur alimentation, la préparation de la nourriture et la façon d'abattre le bétail et la volaille (règles connues sous le nom de *kashrouth*, qui signifie « manger kasher »).

des maréchaux-ferrants qui ferraient leurs chevaux et des divers arti-
sans et commerçants locaux qui leur rendaient d'autres services importants. Mais, en dépit des avantages mutuels, les relations entre
les Juifs et les autres habitants étaient tendues.

Les bois entourant Rokitno ont joué un rôle crucial dans la vie
de la communauté juive. Réputées pour leurs chênes millénaires, ces
forêts étaient une source de matière première pour la scierie locale
que possédaient des Juifs. Cette région, avec ses généreuses récol-
tes de champignons blancs et de baies variées, était un joyau de la
Polésie[3]. De petites entreprises artisanales juives séchaient, triaient
et vendaient les champignons à des colporteurs.

Notre maison ressemblait en tous points à la majorité des maisons de la ville. Elle était de belle taille et comprenait un potager et
une remise à outils séparée. La plupart des familles juives avaient
des animaux domestiques tels que des vaches, des poulets, des oies
et des canards. Elles faisaient aussi pousser leurs propres légumes. Si
nous avions besoin d'autre chose, nous l'achetions au marché. Notre
ville était réputée pour sa brigade de pompiers bénévoles qui comprenait à la fois des Polonais et des Juifs. Les incendies représentaient un grand danger parce que la plupart des maisons étaient en
bois et avaient des toits de chaume. La ville était également célèbre
pour la pharmacie tenue par la famille Soltzman et les gens venaient
de villages lointains pour y acheter les médicaments prescrits par
notre médecin, le Dr Anischouk.

En 1939, la population s'élevait à environ 8 500 personnes. La
majorité était des Polonais, puis venaient les Ukrainiens catholiques

---

3 En russe, *Polessie* (pays des forêts), la Polésie est le plus grand marais d'Europe. Elle s'étend principalement à l'intérieur des frontières actuelles de la
   Biélorussie et de l'Ukraine mais se prolonge en Pologne et en Russie. C'est
   une vaste étendue de basses terres sablonneuses, de tourbières, de marais et
   de denses forêts traversées par un réseau de rivières.

et orthodoxes. Quelque 2 000 Juifs formaient le troisième groupe, suivis des Russes, des Biélorusses, des Tchèques et des Tsiganes (qu'on appelle maintenant les Rom), bien que ces derniers n'aient été que de passage. La vie communautaire des Juifs avant la guerre s'organisait autour de deux synagogues. Les plus jeunes enfants fréquentaient une école primaire orthodoxe, ou *héder*, et les plus vieux fréquentaient une école juive *Tarbut*[4], où presque toutes les matières étaient enseignées en hébreu. L'hébreu était la langue d'enseignement, mais la langue et la littérature polonaises étaient des matières obligatoires. Je me rappelle encore avoir appris un poème polonais d'Adam Mickiewicz : « *Zimno, zimno, mróz na dworsze, będzie, bezie, ale krótko* » (Froide, froide la gelée sur la route, quand le bois entrera dans le four, il fera bon et chaud, mais cela ne durera pas).

La vie juive polonaise avant la Deuxième Guerre mondiale était riche en organisations religieuses, culturelles et politiques, y compris des organisations sionistes. Comme partout en Pologne, la communauté juive de Rokitno essayait d'inculquer à la jeune génération l'amour de la culture juive. Les jeunes apprenaient le yiddish et des langues juives anciennes telles que l'hébreu et l'araméen. On y trouvait aussi des gens qui, après la fondation de l'Organisation sioniste mondiale en 1897, se préparaient à aller vivre en Palestine pour de bon. Quand mes frères et moi étions petits, nous faisions partie d'un mouvement de jeunesse sioniste appelé le *Bétar*[5]. Nous

---

4 *Tarbut* était un réseau sioniste d'écoles laïques en hébreu (jardins d'enfants, écoles élémentaires, écoles secondaires et programmes de formation des adultes) qui opérait principalement en Pologne, en Roumanie et en Lituanie entre les deux guerres. L'école *Tarbut* de Rokitno avait été fondée dans les années vingt. Pour plus d'informations, voir le glossaire.

5 Le *Bétar* est le mouvement de jeunesse créé par les sionistes révisionnistes en 1923. La branche du *Bétar* à laquelle appartenaient Alex Levin et ses deux frères aînés avait été fondée à Rokitno en 1928. Pour plus d'informations sur le *Bétar* et le sionisme révisionniste, voir le glossaire.

nous réunissions avec des membres plus âgés et nous allions dans la forêt qui entourait la ville en chantant des chants hébreux. Venaient parfois se joindre à nous des membres du *Bétar* appelés *haloutsim* (pionniers) qui venaient vraiment de Palestine. Je me rappelle avoir chanté « *Anu olim Arza, be-shir-u-be-zimra* » (Nous allons vers la terre d'Israël en chantant et en jouant de la musique).

Ces paroles et le rêve d'une vie en Palestine nous ont laissé une impression profonde et durable. Les chants du *Bétar*, la joie de l'amitié et la promesse d'être tous réunis dans une même patrie ont fait de cette époque une époque magique pour nous, peut-être parce que j'étais très jeune et qu'imaginer une terre lointaine, quasi mystique, était pour moi un rêve enchanteur. Peut-être était-ce que les paroles des chants hébreux étaient parfois exotiques et mystérieuses. Mais surtout, je me rappelle le sentiment d'être avec un groupe d'amis qui partageaient un même but et un même avenir.

Notre maison était située au 11, rue Piłsudski, dans le vieux quartier de la ville, essentiellement juif. La rue devait son nom au premier dirigeant du pays, un homme vénéré qui avait gouverné la Pologne après son indépendance en 1918. Mais quand l'Armée rouge est arrivée, en septembre 1939, notre rue a été rebaptisée rue Staline[6]. Rokitno n'avait pas d'égouts, aussi l'eau de pluie inondait-elle toujours les rues et la ville était boueuse toute l'année. Pour nous, les garçons, les inondations étaient une invitation à jouer et nous faisions flotter dans les flaques de petits bateaux fabriqués à la main. Peut-être que si j'avais été un adulte, je n'aurais pas tant aimé la boue, mais un enfant en bonne santé ne pense qu'à jouer.

La boue n'était pas notre unique source de bonheur à Rokitno.

---

6 Le maréchal Józef Piłsudski a dirigé la deuxième république indépendante de Pologne de 1918 à 1935. Joseph Staline a été à la tête de l'Union soviétique de la fin des années vingt jusqu'à sa mort en 1953. Pour plus d'informations, voir le glossaire.

Le dimanche, nous profitions du marché hebdomadaire, haut en couleurs, qui avait lieu sur la place centrale de la ville nouvelle. Des centaines de paysans venaient au marché, parés de leurs plus beaux vêtements et portant leurs marchandises dans des paniers de saule. Certains étaient à pied, mais d'autres remplissaient les rues de leurs charrettes à cheval. Le commerce se faisait tout autour de la place du marché et dans de petites boutiques tenues par des Juifs. Il y avait tant de bruit et d'activité que le marché ressemblait à une mer en ébullition.

Nous avions une chambre d'amis spéciale dans notre maison que nous louions aux voyageurs de commerce qui étaient de passage dans la ville. Ma mère leur faisait aussi la cuisine, ce qui venait s'ajouter au revenu familial. Je me souviens que ma mère envoyait Nathan à la gare pour repérer les voyageurs de commerce qui pourraient prendre pension chez nous pour la nuit. Notre maison comprenait aussi une boutique de textiles en gros, propriété de la famille Haichkes, qui louait la moitié de notre maison. Les Haichkes me payaient pour traîner dans la boutique et surveiller les visiteurs afin de m'assurer qu'ils ne volaient rien. Je me souviens que j'attendais avec impatience le dimanche parce que j'avais hâte de dépenser mes quelques sous en bonbons ou en glaces au marché.

Notre famille était solide et heureuse. Ma mère était le prototype de la mère juive, chaleureuse, occupée à sa routine quotidienne. Mon père travaillait à son compte et voyageait dans toute la région pour vendre des champignons comestibles séchés et des herbes médicinales. Il se préoccupait constamment de notre bien-être et de notre avenir. Mes frères aînés étudiaient tout en travaillant un peu ici et là.

L'aîné de mes frères, Nathan, était un garçon jovial qui aimait les jeux sportifs et revenait souvent très sale à la maison. Mais sa passion principale était les tourterelles qu'il élevait dans une cage spéciale, près de la remise à outils. Nathan devait grimper sur le toit de la remise pour nourrir et nettoyer les cages des tourterelles. Il les laissait sortir tous les jours et aimait les regarder voler, fier de les voir aller très haut. Pour le trouver, il suffisait le plus souvent de chercher sa silhouette qui se détachait de la rangée de cages. Parfois, il attirait les tourterelles d'autres garçons et les rendait contre une petite rançon. Il me frappait sur la nuque quand il me surprenait à grimper pour voir comment allaient les petites tourterelles. Je n'avais pas le droit d'y aller seul. Mais Nathan m'a appris comment distinguer les mâles des femelles. Je ne m'intéressais pas trop au sexe à l'époque, mais distinguer les tourterelles mâles des femelles m'a appris quelque chose que je ne savais pas encore.

Le second de mes frères, Samuel, était très différent de nous. Il a manifesté très tôt les signes d'une fibre du commerce, mais il aimait aussi la musique et l'a étudiée autant qu'il était possible de le faire dans notre ville. Comme nous n'avions pas de violon à la maison, il se servait du violon de l'école pour apprendre à jouer. Samuel mettait aussi en scène des pièces de théâtre dans notre remise à outils. Il faisait payer l'entrée aux autres enfants qui s'acquittaient avec des boutons que mon frère vendait sur le marché ou avec des morceaux de verre qu'il vendait à la fabrique de verre. Parfois, ils payaient avec de petits cailloux qu'il empilait dans notre jardin et qu'il vendait ensuite. Samuel aimait aussi le football[7]. Tous les matchs avaient lieu dans la grande prairie verte non loin de notre célèbre monument, le vieux château. Parfois, les Juifs jouaient contre les Polonais.

Parce que j'étais plus jeune, j'aimais d'autres jeux. Par exemple, j'avais un grand cerceau de métal que je poussais avec une baguette de métal. Je fabriquais aussi des lance-pierres pour viser les oiseaux. Je me rappelle aussi que je jouais près de la vieille synagogue. Il y avait là un vieux poirier et nous cueillions les poires puis les cachions dans des meules de foin pour les faire mûrir plus vite. Parfois, elles se mettaient à pourrir mais elles n'en restaient pas moins un régal.

---

7 Il s'agit du football selon les règles européennes, ou soccer.

Je me rappelle les jours où j'allais au *héder* ou à la synagogue avec mon père : j'attendais avec impatience la fin des prières pour me précipiter à la maison et goûter aux mets délicieux que ma mère venait de cuisiner. Je me rappelle les doux moments où toute la famille se réunissait autour de la table du dîner le vendredi pour le début du Shabbat, lorsque ma mère allumait les bougies, et le samedi après-midi après la synagogue[8]. Ma mère était une bonne cuisinière et elle aimait faire la cuisine. Je me rappelle encore l'odeur et le goût de ses repas. Comment pourrais-je oublier son ragoût aux haricots, le *tcholent,* que suivait une compote de fruits ?

Tous les enfants n'ont pas une enfance heureuse et protégée et je m'estime heureux parce que ces années essentielles de formation ont été riches d'expériences et de souvenirs bons et heureux. Rokitno n'était pas un environnement luxueux, mais même une chose aussi simple que de jouer dans la boue m'amusait. Nous n'étions pas une famille riche mais nous étions en bonne santé et notre maison était remplie d'amour. C'est peut-être grâce à cela – et même certainement grâce à cela – que je suis encore vivant aujourd'hui. C'est ce qui m'a réconforté pendant les jours très sombres. Quand je me tourne vers le passé, mon enfance et mon adolescence me semblent merveilleuses et je sais maintenant que ces années sont perdues à jamais. Malgré la faim, le froid, la pauvreté, je n'ai que de bons souvenirs de ma famille. Ce sont les seuls qui valent la peine d'être préservés.

À l'époque, il n'y avait pas de honte ou de crainte à avoir parce qu'on était un petit Juif, même si nous étions, dans les faits, entourés d'antisémitisme. Nous avions le sentiment de faire partie intégrante de la société polonaise. L'antisémitisme n'était pas caché, mais il

---

8 Le Shabbat juif commence le vendredi au coucher du soleil et se termine le lendemain à la nuit tombée. Son début est marqué par l'allumage des bougies.

n'était pas non plus toujours visible. Petit garçon, j'étais familier du dicton : « [À] chaque génération, ils se dressent contre nous pour nous détruire », qui est tiré de la *Haggadah* que nous lisons à haute voix à chaque *Séder* de la Pâque juive[9]. Mais je n'avais aucune raison de m'attendre à ce que nous soyons frappés par le malheur.

Je sais maintenant que Rokitno n'était pas le paradis, mais c'était mon chez moi. Je ne sais pas, en fait, pourquoi cela importe tant, mais c'est un fait. Dans les centaines, peut-être les milliers de *shtetls* (petites villes et villages juifs) disséminés en Europe, d'autres partageaient ces sentiments. Nous faisions partie de nos familles, de nos communautés, de la vie autour de nous. Nous ne nous attendions pas à être massacrés.

---

9 La Pâque juive (en hébreu, *Pessah*) est l'une des fêtes les plus importantes de l'année juive. Elle dure huit jours au printemps et commence par un repas familial rituel appelé *Séder*. Pendant le *Séder*, les participants font des lectures tirées d'un livre appelé *Haggadah* qui raconte l'histoire de l'Exode des Juifs fuyant l'esclavage en Égypte. La phrase citée par Alex Levin, qui se réfère à la nécessité pour les Juifs de se rappeler l'histoire de leurs persécutions et de se montrer vigilants, est lue à chaque *Séder*. Pour plus d'informations, voir le glossaire.

Nous échappons au massacre de Rokitno

En août 1939, l'Union soviétique et l'Allemagne nazie ont signé un pacte qui garantissait la neutralité de l'U R S S si l'Allemagne entrait en guerre. Dans un protocole secret, les deux pays se divisaient aussi la Pologne dans le cas d'une invasion par l'Allemagne[1]. Le 1er septembre 1939, l'Allemagne a envahi la Pologne à l'ouest. Conformément aux termes du pacte, l'Union soviétique l'a envahie à l'est le 17 septembre et a bientôt pris le contrôle de la majeure partie de l'est de la Pologne, y compris de Rokitno, ma ville natale. Je me rappelle parfaitement l'arrivée de l'Armée rouge à Rokitno – sans la moindre résistance de la part des troupes polonaises – et les grosses étoiles rouges que les soldats de l'artillerie montée portaient sur leur calot. Du jour au lendemain, les habitants de notre petit *shtetl* sont devenus citoyens soviétiques.

Chacun voyait différemment ces événements. Les Juifs pensaient que les Soviétiques les protégeraient des Allemands mais les Ukrainiens voyaient en eux des occupants[2]. De nombreux Juifs

---

1 Le traité de non-agression entre l'Allemagne et l'U R S S (communément appelé « pacte germano-soviétique ») a été signé le 24 août 1939. Pour plus d'informations, voir le glossaire.

2 Une république indépendante avait brièvement existé en Galicie, dans l'ouest de l'Ukraine, après la Première Guerre mondiale. Mais l'État

sont sortis dans la rue pour accueillir les troupes de l'Armée rouge et nous, les enfants pauvres, nous mendiions du tabac auprès des soldats ou nous ramassions des mégots pour en faire de nouvelles cigarettes que nous revendions aux troupes.

La doctrine soviétique exigeait le remplacement de la religion par l'idéologie politique et l'amour de l'État. Les écoles juives ont été obligées d'adopter les programmes soviétiques et ont été classées selon la langue d'enseignement : yiddish, russe ou ukrainien. Les expressions de l'identité juive telles que le fait de parler hébreu ou de promouvoir le sionisme étaient expressément interdites, mais l'usage du yiddish était autorisé. L'école secondaire *Tarbut* est devenue une école yiddish et nos groupes sionistes ont été dissous. Les gens avaient encore le droit d'aller à la synagogue mais les autres manifestations religieuses publiques étaient interdites. Les Juifs que les Soviétiques considéraient comme riches (tels que les Shulman, les Gitelman et les trois frères Goloubovitch qui possédaient l'usine de bois) ont tout perdu. Mais les Soviétiques n'ont pu mener à terme la soviétisation de la Pologne[3] qu'ils projetaient. En juin 1941, les nazis

---

naissant a perdu une dure bataille contre les Polonais et a été intégré à la Pologne en 1923. De nombreux nationalistes ukrainiens espéraient que la guerre déclarée en 1941 entre l'Allemagne nazie et l'Union soviétique offrirait la possibilité de créer à nouveau une Ukraine indépendante. Dans ce contexte, de nombreux nationalistes ukrainiens voyaient les Soviétiques (qui avaient aidé les Polonais à écraser le mouvement pour l'indépendance ukrainienne) comme des occupants. Quand les nazis ont envahi l'est de la Pologne en juin 1941, de nombreux nationalistes ukrainiens les ont vus comme des libérateurs potentiels et beaucoup ont collaboré avec eux.

3 La politique de « soviétisation » de l'URSS consistait en la spoliation des biens, la nationalisation et la redistribution des propriétés privées et publiques polonaises, la discrimination (allant jusqu'à la persécution) à l'encontre des capitalistes et de tous ceux qui étaient considérés comme dangereux pour le régime soviétique.

ont rompu leur pacte avec l'URSS et ont tourné leurs armes contre l'URSS. La vie des Ukrainiens, des Polonais, des Russes et celle des Juifs a changé pour toujours.

Les Allemands ont envahi l'Union soviétique le 22 juin 1941. Les nazis, soutenus par les nationalistes ukrainiens, ont lancé une guerre éclair et, quelques jours après, la gare de Rokitno a été bombardée. L'Armée rouge a dû battre en retraite et, dans un grand mouvement de panique, les officiers soviétiques stationnés dans la ville ont sauté dans les derniers trains en partance pour l'est. De nombreux habitants de la ville qui pouvaient s'acheter des chevaux et des charrettes ont fait leurs bagages et sont partis eux aussi. D'autres ont fui à pied. Les trains étaient bondés de civils, de soldats, d'animaux et de bagages. C'était le chaos.

Peu après le début du bombardement, Nathan est venu dans notre maison avec une charrette à cheval chargée de pain et de farine. Il a essayé de convaincre mon père que toute notre famille devait le suivre, lui et tous ceux qui partaient vers l'est, en Union soviétique.

« Les gens qui arrivent veulent vous tuer, père, lui a-t-il dit avec passion. Ils vont tuer tous les Juifs, hommes, femmes, enfants ! »

Mon père a regardé mon petit frère, Moïshe.

« Ils ne nous tueront pas, a-t-il répondu calmement. Ils se contenteront de nous rassembler quelque part et de nous éloigner de la guerre. »

Mon frère n'en revenait pas que notre père soit si naïf.

« Vous ne voyez pas que ce sont des assassins ?! »

– Ils ne nous tueront pas, répétait simplement mon père, inébranlable.

– Vous n'avez pas entendu les histoires qui proviennent des pays de l'Ouest ? Vous ne savez pas que les nazis se débarrassent des Juifs ?

– Je ne crois pas ces histoires, a répondu mon père. Ce sont des exagérations. Je ne pense pas qu'il soit mieux de fuir. Nous sommes ici chez nous. »

Nathan était déterminé. « Ce n'est pas chez nous, père.

Personne ne veut de nous ici. Il y a déjà des villageois qui parlent de nous tuer, de faire des choses horribles. Venez, faites vos valises ! Venez avec moi en Union soviétique avant qu'il ne soit trop tard. »

Les yeux de mon père s'étaient emplis de tristesse. « Va, Nathan. Tu es jeune et tu peux faire ce qui te semble le mieux. Ta mère et moi resterons ici avec les garçons. Nous sommes plus à l'abri du danger ici. »

Ayant eu l'expérience de la Première Guerre mondiale pendant laquelle les soldats allemands avaient traité les Juifs avec bienveillance, de nombreuses personnes âgées, comme mon père, pensaient que les Allemands ne feraient aucun mal aux Juifs cette fois-ci non plus. Rétrospectivement, un tel déni était une erreur absolument colossale. Nous avions entendu des témoignages directs de réfugiés qui fuyaient non seulement les atrocités nazies mais aussi les actes incroyablement cruels commis par les non-Juifs de leurs propres communautés.

C'est sans hésiter que Nathan s'est décidé à partir à l'Est avec nos cousins, malgré la désapprobation de notre père et les constants raids aériens. Je n'ai revu Nathan que bien des années après la fin de la guerre.

Le retrait rapide des troupes soviétiques a créé un vide juridique et politique parce que les troupes et les autorités allemandes ne sont arrivées à Rokitno qu'à la fin du mois de juillet. Les Allemands étaient déjà stationnés dans la ville voisine de Sarny et, de là, ils ont provisoirement installé un collaborateur ukrainien nommé Ratzlav à la tête d'une milice de policiers ukrainiens nouvellement créée à Rokitno. Une vague violente d'antisémitisme a déferlé sur notre « petit paradis ». Les collaborateurs polonais et ukrainiens et les voleurs sont entrés par effraction dans les maisons juives et ont emporté tous les objets de valeur. La violence est montée d'un cran et les Juifs ont organisé une patrouille nocturne pour se défendre, armés de haches, de pelles et de fourches. Lors de la première patrouille, l'un des hommes, Avraham Golod, a été lapidé à mort.

Quand les nazis sont entrés dans la ville en août 1941, les Polonais et les Ukrainiens les ont accueillis avec le pain et le sel cérémoniels. Les Allemands ont introduit leurs propres lois et installé Sokolovski, un Silésien mi-polonais, mi-allemand, à la tête de la police. Un dénommé Denes est devenu commandant de l'*Ukrainische Hilfspolizei*, la police auxiliaire ukrainienne. Le chef de l'unité de collaborateurs ukrainiens de la ville était un certain Zagorovski[4].

Une période atroce, désespérée a aussitôt commencé. Les ordres terribles se succédaient. Les nazis ont établi un ghetto juif rue Staline (ma rue) et ont interdit aux Juifs de quitter le ghetto sans autorisation spéciale[5]. Un *Judenrat*, ou Conseil juif[6], a été créé pour représenter la communauté juive et ses membres. Il était obligé d'appliquer les ordres cruels et exécutoires des nazis. Notre ghetto n'était pas clôturé comme c'était le cas dans d'autres villes, mais les Allemands et les Ukrainiens en patrouillaient le périmètre, rendant toute sortie presque impossible. Ceux qui osaient braver l'interdit pour commercer avec les non-Juifs, acheter de la nourriture ou s'en procurer en échange de leurs biens, étaient condamnés à être fusillés sur-le-champ.

---

4 La police auxiliaire ukrainienne a été formée à la suite de l'occupation par l'Allemagne de la partie orientale de la Pologne et de l'Ukraine en juin 1941. Elle a collaboré activement avec les nazis pour exécuter leurs projets de persécution puis de meurtre massif des Juifs. La police auxiliaire ukrainienne a escorté les Juifs vers les lieux de travaux forcés, a gardé les ghettos et a procédé à des exécutions de masse par balles.

5 Les Juifs ont été placés de force dans des ghettos dans toutes les zones de l'Est occupées par les nazis. Il s'agissait de quartiers spécifiques, clôturés, où ils étaient entassés. Pour plus d'informations, voir le glossaire.

6 Les Conseils juifs ont été établis par les nazis sur tous les territoires qu'ils ont occupés pour faciliter l'exécution de leurs ordres. Confrontés à des choix moraux difficiles, ces conseils ont essayé d'aider les membres de leur communauté mais ils n'avaient en fait ni pouvoir ni marge de manœuvre. Pour plus d'informations, voir le glossaire.

Conformément à un nouveau décret émis juste après l'établissement du ghetto, les nazis, avec l'aide de *l'Ukrainische Hilfspolizei* et des officiels du *Judenrat*, faisaient l'appel deux fois par jour pour contrôler tous les habitants du ghetto et faire régner une peur constante. L'appel avait lieu sur la place du marché, dans la ville nouvelle. Chacun devait répondre en personne à l'appel fait par le commandant puis réintégrer le ghetto. Seuls les très jeunes enfants, les vieillards et les malades en étaient exemptés.

La situation empirait dans le ghetto avec chaque nouveau décret. Les Juifs ont été contraints, sous peine de mort, de livrer leur or, leur argent, leurs fourrures, ainsi que leurs vaches et leurs autres animaux. Plus de trente kilos d'or ont été livrés aux Allemands à la suite de ce décret. Dans le même temps, les Juifs devaient se présenter au poste de police tous les jours pour être affectés à des travaux forcés. Les hommes réparaient les voies de chemin de fer et les routes et travaillaient à la scierie. Les femmes étaient envoyées aux champs. Les enfants âgés de 10 à 14 ans étaient affectés à la fabrique de verre et, bien que je n'aie eu que 9 ans, j'y travaillais aussi. C'était de l'esclavage : nous n'étions pas payés. Au mieux, on nous donnait cent grammes de pain par jour.

À la mi-septembre 1941, nous avons été obligés de confectionner des uniformes pour les policiers ukrainiens. Ces uniformes étaient faits de gabardine noire et si on ne nous fournissait pas assez de tissu, il nous fallait couper nos propres tenues de fête. Pour la première fois, j'ai vu le trident, le symbole du nationalisme ukrainien, porté par des Ukrainiens qui soutenaient le nazisme parce qu'ils pensaient que les nazis les aideraient à obtenir leur indépendance. Il y avait aussi beaucoup d'Ukrainiens qui étaient de fervents défenseurs du nazisme, et pas seulement pour faire avancer la cause de leur indépendance. L'antisémitisme ukrainien a plus de 300 ans d'histoire et remonte au xviie siècle, date des massacres de Chmielnicki lors desquels des dizaines de milliers de Juifs ont été assassinés en Pologne et en Ukraine[7]. Le XXe siècle leur donnait une nouvelle fois l'occasion de perpétrer des actes antisémites.

Mon frère Samuel travaillait pour les officiers allemands de l'Organisation Todt, une organisation en charge de travaux civils et militaires[8]. Il devait cirer les bottes des soldats, couper le petit bois, aider le cuisinier polonais et servir les repas aux officiers. De temps en temps, il volait de quoi se nourrir et parfois, on lui permettait d'emporter chez lui des bribes de nourriture et des restes avariés. Notre mère les transformait en repas en ajoutant de l'avoine et des épinards sauvages. Samuel m'a raconté plus tard comment il avait été régulièrement battu et humilié par son chef polonais. Un jour, alors que Samuel cirait les bottes d'un officier allemand nommé Lemel, l'officier lui a dit : « Si nous commençons à tuer les Juifs, petit, viens ici et on ne te tuera pas. » Samuel a compris ce qui attendait la communauté juive et a rapporté la remarque au *Judenrat*, qui n'en a fait aucun cas.

Un mois plus tard, en octobre 1941, tous les Juifs âgés de 10 ans et plus ont reçu l'ordre de porter deux pièces de tissu sur leurs vêtements : deux cercles jaunes de dix centimètres de diamètre chacun, avec une étoile de David au centre. L'une devait être portée sur la poitrine, l'autre dans le dos. Les Juifs n'avaient pas le droit d'être vus en public sans ces pièces. D'autres interdictions ont suivi : les Juifs n'avaient par exemple plus le droit de marcher sur les trottoirs.

---

7 Les massacres de Chmielnicki, en 1648–1649, ont été un pogrom massif organisé contre les Juifs vivant en Ukraine. On estime à 300 le nombre de communautés juives qui ont été détruites et à environ 100 000 le nombre des Juifs assassinés. Pour plus d'informations, voir le glossaire.

8 L'Organisation Todt a entrepris d'importants projets civils et militaires à l'époque des nazis et s'est grandement servie du travail forcé et de l'esclavage. Pour plus d'informations, voir le glossaire.

En novembre, le capitaine s s Ditsch est arrivé avec trente s s pour prendre la direction de Rokitno et augmenter les « taxes » exigées des Juifs[9].

Dans le ghetto, chaque jour était un cauchemar. La nourriture allait bientôt venir à manquer et il était de plus en plus difficile d'en obtenir des villageois non-juifs. Nous, les enfants, parvenions parfois à nous échapper et à échanger quelques vêtements contre une poignée de farine ou un morceau de pain, mais, comme je l'ai dit, c'était une mission très dangereuse pour tous ceux qui s'y aventuraient. Au péril de ma vie, je parvenais à me glisser hors du ghetto de temps en temps et à échanger quelques-uns de nos biens contre du pain et des œufs. C'était dangereux non seulement pour moi, mais aussi pour les gens avec qui je faisais du troc. Nous vivions dans un état de peur constante, de faim et d'anticipation de la mort.

Ces horreurs ont culminé et trouvé un terme fatal le 26 août 1942. Ce jour-là, toute la population juive de Rokitno a reçu l'ordre de se rassembler sur la place du marché. Cette fois-ci, personne n'était exempté, ni les bébés, ni les vieillards, ni les grands malades. Ceux qui ne pouvaient pas marcher ont été transportés sur des civières ou à dos d'homme. Les soldats allemands, la police allemande et la police ukrainienne encerclaient la place. Ils ont commencé par séparer les enfants, les femmes, les hommes et les vieillards. La peur et le chaos ont gagné la foule. Bientôt, la place s'est emplie de hurlements assourdissants et de gémissements. C'était l'affolement général. Les enfants s'agrippaient à leur mère. La foule essayait de protéger les vieillards et les malades.

Tout à coup, un hurlement aigu s'est élevé : « Juifs, ils vont tous nous tuer maintenant. » C'était Mindl Eisenberg, une grande femme, forte et courageuse, surnommée « la Cosaque », qui avait

---

9 s s est l'abréviation de Schutzstaffel (escouade de protection). Pour plus d'informations, voir le glossaire.

vu l'escadron de police arriver depuis la gare et qui alertait la foule. Les gens, paniqués, se sont mis à courir de toutes leurs forces. Les hommes couraient pour essayer de retrouver leur femme et leurs enfants. Tout le monde essayait de s'enfuir. Seules les balles pouvaient les arrêter. Les gardes ont tiré sur la foule et des dizaines de personnes ont été tuées sur-le-champ, baignant la place de sang. Dans cet enfer, mon frère de 17 ans, Samuel, m'a trouvé, m'a attrapé par le bras et nous nous sommes mis à courir...

C'est la dernière fois que nous avons vu notre mère, notre père et notre petit frère de 5 ans, Moïshé. Nous avons appris plus tard que notre père avait été capturé avec d'autres qui avaient survécu au massacre de la place du marché et avait été emmené dans la région de Sarny, à une quarantaine de kilomètres. À la périphérie de Sarny, dans les ravins voisins de la briqueterie, il a été fusillé avec environ 18 000 autres Juifs qui ont trouvé une mort affreuse dans cet horrible endroit. Des témoins du massacre disent que le sol, couvert de centaines de corps, a remué pendant des jours parce que des gens avaient été enterrés vivants[10].

Nous n'avons jamais su exactement ce qui était arrivé à notre mère et à notre frère cadet.

Mon frère et moi nous sommes enfuis de la place du marché et avons gagné la maison de l'officier allemand qui avait promis de sau-

---

10 Le massacre de Sarny a eu lieu le 27 août 1942, le lendemain du massacre de Rokitno. À Rokitno, les meurtres de la place du marché ont été perpétrés par des policiers allemands et ukrainiens. De 100 à 300 Juifs ont été tués sur place et les autres, entre 800 et 1 200 (sauf ceux qui, comme Alex et Samuel, ont réussi à s'enfuir), ont été entassés dans des wagons à bestiaux et emmenés dans la ville voisine de Sarny, où ils ont été fusillés avec des milliers d'autres Juifs et au moins une centaine de Tsiganes qui avaient également été rassemblés à cet endroit. À Sarny, les policiers ukrainiens et allemands, aidés d'environ 200 membres de l'Organisation Todt, ont assassiné plus de 18 000 personnes.

ver Samuel. Nous nous sommes introduits dans la maison par la fenêtre de derrière mais, malheureusement, nous nous sommes trouvés nez à nez avec le chef cuisinier polonais. Sans hésiter, mon frère m'a pris par la main et nous sommes sortis en courant par la porte de derrière qui donnait sur le jardin et, de là, nous avons gagné la forêt. Nous avons rampé sous les wagons du train qui avait été affecté, je le sais maintenant, au transport des Juifs vers Sarny et nous nous sommes échappés dans la forêt. Là, nous avons continué à courir à toutes jambes.

Nous avions réussi à nous enfuir de Rokitno. Au début, nous ne savions pas où aller, mais nous nous sommes rapidement enfoncés dans la forêt. Nous voulions nous éloigner le plus possible de ce lieu de mort. La forêt était dense, épaisse et effrayante pour deux garçons déjà très traumatisés, mais nous avons assez vite retrouvé un certain calme. Dans les bois, nous avons commencé à rencontrer un, puis deux, puis plusieurs autres rescapés et nous avons fini par constituer un petit groupe, rassemblé dans la forêt. Les adultes se parlaient en chuchotant.

« Où se trouve votre famille ? » a demandé une femme. Samuel a secoué la tête : « Je ne sais pas. Là-bas, au village. Nous avons été obligés de courir. »

« Nous ne pouvons pas y retourner, sous aucun prétexte. Ils tuent tout le monde, femmes et enfants compris. » Une femme avait deux enfants avec elle. « Mon mari était derrière moi et il a été abattu d'une balle. Je n'ai pas pu aller l'aider à cause des enfants. Qu'est-ce que nous allons faire ? » De brefs récits chargés d'angoisse et de peur ont été échangés. « Ils vont nous pourchasser, nous aussi ! » a dit quelqu'un. Les adultes se sont lancés dans une intense discussion, puis ils sont finalement tombés d'accord. « Nous courons plus de risques si nous restons tous ensemble. Séparons-nous en petits groupes. Ainsi, nous serons plus difficiles à repérer. »

Pendant les deux semaines qui ont suivi, Samuel et moi avons erré seuls, nous dirigeant vers les villages polonais de Netreba et

Okopy. La forêt alentour était plus dense et les marais nous offraient une meilleure protection. Je me rappelle avoir parfois rencontré en chemin des gens qui nous avertissaient de n'aller dans les villages qu'en cas d'extrême nécessité. Si nous approchions des villages, disaient-ils, il nous faudrait alors rester le plus près possible des bois au cas où nous rencontrerions la police. Mais ce n'était pas seulement la police qu'il nous fallait redouter – même les simples habitants accueillaient parfois les Juifs avec des haches et des fourches et nous avons appris que les nazis offraient un kilo de sel pour chaque Juif que livreraient les habitants. Quand nous tentions de trouver ou de mendier de la nourriture, nous choisissions de préférence les villages polonais parce que leurs habitants étaient plus généreux avec nous que les Ukrainiens.

Durant ces quelques semaines notre voyage a été très dur et très dangereux, mais nous avons aussi bénéficié d'actes d'une bonté et d'un courage extraordinaires. Deux noms en particulier sont gravés dans mon cœur pour toujours, ceux de Ludwik Wrodarczyk, un prêtre catholique polonais, et de Felicja Masojada, une enseignante polonaise d'Okopy. Quand nous sommes arrivés à leur porte après le massacre de Rokitno, ils nous ont cachés dans un placard et nous ont donné des vêtements et assez de nourriture pour survivre quelque temps. Nous avons appris plus tard que ces êtres merveilleux, ces âmes vraiment bonnes, ont payé très cher leur compassion. Ils ont été exécutés par les collaborateurs ukrainiens nazis. De nombreux témoins ont depuis raconté la vie de ces personnes remarquables, Yanek Bronislav par exemple, un colonel de l'armée polonaise à la retraite, dans *Ils étaient trois*, ou encore Léon Jour dans *My Volynski Epos*. Le courage et le dévouement pour l'humanité du père Wrodarczyk et de Mme Masojada constituent un exemple lumineux pour les jeunes générations. En 1998, Samuel et moi avons entamé les démarches pour que tous deux soient nommés « Justes parmi les nations » par Yad Vashem, l'organisation fondée à Jérusalem à la mémoire des victimes de l'Holocauste. Le titre leur a été décerné en 2000.

Durant notre séjour dans la forêt, nous sommes restés un certain temps dans une ferme qui appartenait à un paysan polonais. Il nous nourrissait en échange de notre travail. Samuel était chargé de différentes tâches dans la maison et moi, de 4 heures du matin jusque tard dans la nuit, je devais m'occuper du bétail qui broutait dans les bois. Il y avait onze vaches. Le paysan avait peur que les Allemands, les hordes de bandits ukrainiens ou les partisans soviétiques ne lui volent ses vaches, aussi me donnait-il une tranche de pain et un bout de lard pour que j'emmène les vaches au fond des bois. Plus tard, je cachais les vaches dans des abris de fortune dans la forêt. Les bois avaient leur vie souterraine propre : en plus des réfugiés juifs et des divers groupes de partisans, ils étaient aussi habités par des bandits ukrainiens qui haïssaient à la fois les Allemands, les Soviétiques et les Juifs.

Nous ne sommes pas restés longtemps dans la ferme du paysan polonais. Très vite, nous avons compris qu'aucun habitant n'allait nous offrir un abri, même temporaire. C'était trop dangereux pour eux. Perdus, sans refuge, séparés des autres Juifs cachés dans les bois, Samuel et moi avons décidé de retourner à Rokitno. Sur le chemin du retour, nous pouvions voir à travers les arbres, les gens qui, au loin, pillaient les maisons juives désertées, à la recherche d'objets de valeur qui auraient pu s'y trouver encore. Ils prenaient des haches pour éventrer les murs et tenter de trouver l'or ou les objets de valeur qui auraient pu y avoir été cachés. Avant les massacres de Rokitno et de Sarny, ces gens n'avaient pas défendu les Juifs, ils n'avaient pas essayé de les aider. Après leur mort cruelle, ils les volaient.

Dans ce cas (contrairement aux souvenirs de ma famille et de mon enfance), il est plus facile de se rappeler le mal que le bien. Dans son livre, Viktor Polischuk écrit : « J'ai honte de ce que mes compatriotes ont fait durant la guerre. J'ai honte de ceux qui ont mené les Juifs à leur mort. Je les connaissais bien. Je les connais encore, ces nationalistes. Je les ai vus tuer. Je sais de quoi ils sont capables[11]. »

---

11 Polischuk, Viktor. *Bitter Truth*. Toronto, Varsovie et Kiev, 1995. Texte en ukrainien.

Une fois, nous avons rencontré une petite colonne de charrettes tirées par des chevaux. Les gens nous ont vus, deux garçons terrifiés, et ils nous ont appelés. Quand ils ont découvert que nous étions juifs et que nous retournions à Rokitno, ils nous ont dit en ukrainien : « Vous n'y pensez pas, les enfants ! Allez vite vous cacher au fond des bois, les Allemands continuent à tuer tous les Juifs. »

Cette rencontre fortuite a ravivé notre désir de survivre et nous sommes retournés dans les bois. En chemin, nous avons croisé beaucoup d'autres rescapés et réfugiés juifs. Mais nous continuions à rester en tout petits groupes. Tous les soirs après la tombée de la nuit, nous rampions avec mille précautions pour nous glisser dans les meules de foin alignées dans les champs, en refermant l'ouverture pour ne laisser qu'un petit trou par lequel respirer. Parfois, nous passions secrètement la nuit dans une remise à outils. Quelles que soient les circonstances, nous vivions dans la terreur d'être attrapés.

Mon frère et moi avons décidé de nous mettre en quête d'un groupe de partisans auquel nous rallier. Nous savions qu'il y avait des partisans « rouges » (dont les activités étaient coordonnées par le gouvernement soviétique) et des partisans polonais, ainsi qu'un groupe ukrainien qui avait ses propres chevaux et ses uniformes avec un emblème spécial. Nous avons finalement rencontré un groupe de partisans polonais (membres de l'*Armia Krajowa*, ou armée de l'intérieur[12]) dans un village et nous leur avons demandé si nous pouvions nous joindre à eux, mais, comme ils ne voulaient prendre que Samuel, nous sommes repartis.

Nous avons poursuivi notre voyage à travers la forêt à la recherche de partisans, essayant cette fois de trouver des partisans soviétiques. Nous en avons rencontré, mais ils ne voulaient pas de Juifs. Nous étions à ce moment-là près du village de Karpilovka. Les par-

---

12 Formée en février 1942, l'*Armia Krajowa* (ou armée de l'intérieur) était le plus grand mouvement de résistance polonais dans la Pologne occupée par l'Allemagne pendant la Deuxième Guerre mondiale. Pour plus d'informations, voir le glossaire.

tisans nous ont avertis que les villageois avaient récemment tué à coups de hache deux garçons juifs. Cela nous a incités à chercher refuge plus loin, près des villages de Netreba et d'Okopy, essentiellement peuplés de Polonais qui étaient eux-mêmes la cible d'attaques souvent meurtrières commises par les nationalistes ukrainiens. De ce fait, nous restions cachés dans les bois autant que possible.

Nous nous réfugions dans la forêt

Samuel et moi avions erré pendant environ deux semaines, vivant au jour le jour, lorsqu'un soir, nous avons vu un petit feu de camp dans les bois. Nous nous sommes approchés avec précaution et nous avons trouvé un groupe de Juifs de Rokitno que nous connaissions : Rachel Wasserman, ses deux enfants, Bluma et Taibele, et sa sœur Dosya ; Dvoshil Svetchnik, son fils Haim et sa fille Henya ; Shmuel Bagel, Avraham Eisenberg et Todres Linn.

Mais l'impression de sécurité que nous avons ressentie après ces retrouvailles a été de courte durée. Cette nuit-là, nous avons été réveillés par des bruits et nous avons vu en face de nous trois hommes armés. Ils se sont présentés comme étant des partisans, nous ont donné de la nourriture et sont partis. La nuit suivante, ils sont revenus et nous ont dit qu'ils voulaient emmener une femme pour les aider. Dosya s'est portée volontaire. Mais nous avions été dupés, nous avons appris peu après qu'il s'agissait en fait de bandits. Nous n'avons jamais su ce qui était arrivé à Dosya.

Cet événement nous a vraiment fait comprendre à quel point notre situation était désespérée. Nous étions proscrits et nous allions bientôt courir le risque de mourir de froid puisque l'hiver arrivait. Nous avions peur, nous étions au bord du gouffre et pourtant, en chacun de nous, il existait une petite flamme, une détermination à survivre quoi qu'il arrive. Motivés par des émotions puissantes que nous étions incapables de comprendre, nous nous sommes enfoncés plus profondément dans les bois.

Je ne me rappelle pas comment cela a commencé ni qui a pris la décision, mais le groupe dont nous faisions partie s'est mobilisé autour d'un projet commun. Sans ce projet commun, je suis certain que Samuel et moi serions morts. Je ne me rappelle pas comment le projet a pris forme, mais nous avons commencé à construire un abri, au cœur de la forêt, loin du périmètre où nous courions le risque d'être découverts. C'était une fosse creusée dans le sol, devant servir d'abri et destinée à accueillir dix personnes : Dvoshil Svetchnik, son fils Haim (Haim Bar Or, de son nom actuel) et sa fille Henya, Rachel Wasserman et ses deux filles, Bluma et Taibele, Gitl Gamulka et son fils Lowa (Larry, de son nom actuel) et, bien sûr, Samuel et moi-même.

Adultes et enfants ont participé à la construction de cet abri de fortune, chacun faisant ce qu'il pouvait. Nous avons commencé par creuser un grand trou dans le sol et nous en avons renforcé les côtés et les rebords avec du bois et des écorces d'arbre. Ces rebords formaient un léger parapet sur tout le pourtour. Sur le trou, que nous avons appelé « la caverne », nous avons empilé des branchages et des branches pour former un toit qui nous servait à la fois de camouflage et de protection. Nous avons pris soin de façonner notre abri pour qu'il ressemble à un gros buisson naturel.

Sur le pourtour intérieur de l'abri, il y avait de grossières banquettes pour dormir. Nous avons construit une cheminée simple mais efficace au centre de notre cachette et ménagé une ouverture au-dessus pour laisser s'échapper la fumée. Nous ne brûlions que du chêne parce qu'il dégage peu de fumée. Heureusement, la forêt avait une abondance de vieux chênes. Nous avons creusé un petit puits juste à côté de l'abri pour nous fournir en eau pure.

Nous nous sommes surnommés les « Juifs de la forêt ». C'était un terme affectueux qui contribuait à créer un sentiment de famille, de communauté. Cet abri est devenu notre foyer. Nous le camou-

flions de notre mieux – en fait, nous avions parfois du mal à le retrouver quand nous revenions de nos expéditions à la recherche de
nourriture. Un chêne particulier, avec une branche courbée de façon singulière, nous servait de repère.

Les journées étaient longues et difficiles en grande part à cause
de notre crainte d'être attrapés, mais, surtout, à cause de la faim
omniprésente. Même dans ce chaos apparent, nous avons établi
une certaine routine. Nous nous approchions des abords d'un village, voyions une lumière à une fenêtre et mendiions de la nourriture. Nous ne pénétrions jamais en plein village. Nos journées
consistaient à rechercher de la nourriture et à éviter de se faire attraper. Nous étions toujours préoccupés par la nécessité de trouver
à manger. Parfois, nous récupérions des boîtes de métal que nous
transformions en lanternes pour effrayer les loups. Nous faisions le
guet en permanence et nous surveillions en particulier la police, les
Allemands et les hommes à cheval. Parfois, nous remarquions des
traces de pneu.

Si les circonstances avaient été moins désespérées, vivre dans
les bois aurait pu être une aventure, mais, pour nous, cela n'avait
rien d'une aventure. Nous avions perdu nos parents et nous étions
maintenant traqués sans relâche par la faim et la mort. Il nous fallait
trouver du bois, des champignons, n'importe quoi de comestible.
Nous avions à nous éloigner de plus en plus de notre cachette pour
trouver ce dont nous avions besoin.

Parce que nous savions que c'était une question de vie ou de
mort, nous ne nous sentions pas coupables de voler ce dont nous
avions besoin. En hiver, nous devions creuser le sol gelé pour déterrer les betteraves, les navets, les pommes de terre dans les champs
des fermiers. Les sangliers sauvages nous ont appris comment voler des pommes de terre sans laisser aucune trace de notre passage.
Nous mangions des betteraves blanches et des navets que nous volions dans les champs ou dans les remises et qui étaient cultivés par
les fermiers pour leurs bêtes. Les journées s'écoulaient ainsi, une à

une. Nous étions constamment à la recherche de nourriture. Il n'y en avait jamais assez. Jamais je n'oublierai à quel point j'ai souffert de la faim.

Nous n'avions aucune idée de ce qui se passait ailleurs dans le monde. Nous n'avions accès à aucune information : pas de journaux ni de radio. Mais mon frère et moi, désormais jeunes orphelins, avions réussi l'essentiel : nous adapter à la vie en pleine nature et survivre.

Au bout d'un an, notre situation s'est légèrement améliorée. Quoique nos vies aient continué à être dominées par la faim et le danger permanent, la forêt était progressivement devenue notre foyer. Nous avions appris de plus en plus de techniques qui nous permettaient de survivre et nous procuraient un semblant de confort. Contre toute attente, nous n'avions pas été découverts, ce qui a renforcé notre sentiment de sécurité et nos espoirs. Nous étions devenus très débrouillards et habiles. Pour nous, la survie n'avait rien d'un jeu.

Nous avions appris à faire des sortes de chaussures avec de l'écorce de chêne ramollie à la flamme. En guise de chaussettes, nous enveloppions nos pieds dans les sacs que les paysans utilisaient pour séparer le babeurre du lait caillé destiné à faire du fromage blanc. Nous volions ces sacs pendant nos raids nocturnes, mangions le fromage et utilisions le tissu. En hiver, nous nous enveloppions les pieds dans de la *volosin*, une matière douce et très fine, mais chaude, tissée avec du foin sec. Nous avons appris à utiliser les richesses de la forêt pour survivre. Nous savions par exemple reconnaître les champignons vénéneux et les baies non-comestibles. Nous cueillions les mûres, les myrtilles, les canneberges et les framboises. Nous avions appris à percer les bouleaux pour en extraire un sirop doux-amer et nous savions fabriquer des tasses avec leur écorce pour recueillir la sève. Parfois, mon frère parvenait même à récolter du miel sauvage dans des nids d'abeilles.

Nous avions pleinement conscience des dangers constants et

bien réels qui nous entouraient, mais nous étions aussi, nous les va-
gabonds forcés des bois, tourmentés par un autre fléau : les poux,
terribles et persistants. Ils étaient gros et insatiables. Nous en avions
non seulement dans les cheveux, mais aussi sous les aisselles et dans
les aines : ils se faufilaient partout. Le pire était que les démangeai-
sons incessantes qu'ils provoquaient nous empêchaient de dormir.
Mais la forêt nous a aussi appris comment nous en débarrasser :
nous nous mettions nus et nous enterrions nos vêtements dans des
fourmilières. Les fourmis mangeaient les poux et les lentes. Mais
il est une autre calamité à laquelle nous n'avons pas trouvé de solution : des éruptions terribles qui nous couvraient le corps entier,
des doigts de pied en passant par les bras, les jambes, la poitrine et
même les fesses.

Je garde d'autres souvenirs vivaces, terrifiants et même douloureux, de notre séjour dans la forêt. Les cris des chouettes, semblables
à des cris humains, nous poursuivaient la nuit. Elles nous parais-
saient très mystérieuses du fait de leur invisible présence. J'entends
encore les hurlements des loups et je vois encore leurs yeux luisants
nous suivre quand ils chassaient. Je me rappelle les renards et les ser-
pents des marais que nous rencontrions fréquemment lorsque nous
allions cueillir des pousses de chêne.

La mort, elle aussi, faisait partie intégrante de notre vie dans la
forêt. Nous avons eu à enterrer deux personnes de notre groupe. Au
printemps 1942, Dvoshil, la mère d'Haim, et Henya, sa sœur, ont
trouvé la mort. Dvoshil dormait appuyée sur l'épaule de mon frère
une nuit et au matin, elle était morte de froid. Sa fille Henya est elle
aussi décédée peu après. Toutes deux étaient mortes de malnutrition
et d'hypothermie, le corps gris et enflé, la peau craquelée. Comme
nous étions en état de choc, nous les avons enterrées sans véritable
cérémonie. Ces images de cauchemar continuent à me hanter. Voir
ces membres de notre groupe dépérir lentement a été une épreuve
profondément troublante pour un petit garçon de dix ans. Vivre
une telle tragédie a été presque impossible à supporter. J'ai éprouvé

plus que de la peur : cela m'a rendu littéralement muet et je suis resté longtemps sans parler après ces morts.

« Tout passe – et l'enfance, et les contes de fées des forêts... Tout passe, hélas, et seuls les loups gris – oh, toujours si immortels – nous saluent au passage. » Ces mots du poète Naum Sagalovsky décrivent très bien notre vie et notre combat à cette époque. Ce qu'était la vie dans la forêt est aussi exprimé dans un poème écrit par un de mes amis, Fred Zolotkovsky, quand il a visité Rokitno avec moi, des années après :

Ces bois sombres sont notre salut.
De l'eau jusqu'aux genoux, pourtant, toujours en vie !
Les rêves nous sauvent.
Notre abri est le plus doux des foyers.
Notre seul espoir, que les Allemands ne fassent pas irruption
Tout d'un coup, avec une meute de chiens,
Que la police ne repère pas, de son regard entraîné
La fumée qui monte dans l'obscurité.
Nous ne valons tous qu'un paquet de sel.
Un kilo, c'est le prix de toute votre vie :
Votre âme, votre cœur, votre sang
Parce que vous n'êtes qu'un Juif.

~

En décembre 1943, après presque 18 mois passés dans la forêt, nous avons repris espoir. Le cours de la guerre a changé et l'Armée rouge est parvenue à repousser les nazis vers l'ouest. Nous entendions au loin le bruit des combats qui allaient se rapprochant, ce qui nous réjouissait, et nous avons commencé à espérer que nous serions bientôt libérés. À partir de ce moment-là, les villageois se sont montrés un peu plus amicaux quand nous allions chercher de la nourriture. Ils voulaient faire bonne impression sur les Soviétiques quand ceux-ci arriveraient et ainsi ne pas être accusés d'avoir collaboré avec les nazis.

Cependant, d'autres émotions, trop puissantes pour être décrites, coexistaient avec notre nouvel espoir. Avec le recul, il est facile de généraliser sur la guerre et la conduite de ceux qui l'ont vécue. Il est beaucoup plus difficile de trouver réponse aux questions concernant le sens de notre survie, la relation entre les Juifs, les Polonais et les Ukrainiens, le rôle que les partisans et les bandits ont joué dans ce conflit. Je suis absolument persuadé d'une chose : ceux d'entre nous qui s'en sont sortis ne doivent pas leur survie à leur intelligence ou à leur adresse. Nous avons eu de la chance, tout simplement. Survivre n'a pas été une question de succès ou d'échec personnel, nous n'avons pas survécu grâce à notre seule intelligence alors que des millions d'autres périssaient.

Au lecteur qui demande pourquoi nos familles n'ont pas résisté aux nazis, je réponds par une question : était-il possible de résister aux nazis ? Nous ne savions pas comment faire face à des forces infiniment plus grandes que les nôtres et que nous connaissions si mal. Mon propre père ne pouvait concevoir ce qui allait nous arriver, pas même après avoir entendu les récits de témoins directs. De telles horreurs, une telle brutalité étaient inconcevables et nous ne les comprenions pas. Qui, à l'époque, savait qu'une telle haine, une telle quintessence du mal, pouvaient exister ?

En fin de compte, ce que je veux que les jeunes générations retiennent de mon récit, c'est que les jeunes enfants que nous étions ont réussi à vivre isolés dans les bois pendant un an et demi, condamnés à mort par les nazis, et que nous avons survécu. Je ne peux pas dire avec certitude comment il se fait que nous ayons survécu. Qui nous a sauvés ? Quand on me demande si je crois en Dieu, je réponds que mon Dieu est la forêt. J'ai été sauvé par la forêt, alors, si Dieu a créé la forêt, je crois en Dieu. Mais si Dieu était près de moi maintenant, je lui poserais la question suivante : « Pourquoi leur avez-vous permis de tuer mon frère, ma mère et mon père ? Où étiez-vous pendant que nous souffrions tant ? »

Un enfant ne peut pas avoir une compréhension adulte de Dieu. Il ne peut imaginer Dieu que comme un être bienveillant régissant le cours des choses. Mais un enfant comprend le bien et le mal. Sans que je m'en rende compte, ma foi en l'existence d'une force du bien a disparu. Ma foi en un Dieu créateur et protecteur, le Dieu que l'on m'avait enseigné dans mon enfance, a volé en éclats. Cependant, mon identité de Juif est restée très réelle et très forte.

Un petit garçon a besoin de sentir que, quelque part, un ordre, un sens existent. Dans mon cas, c'est la forêt qui a subvenu à ces besoins-là. Les bois nous ont donné ce dont nous avions besoin, ils nous ont donné la vie et l'ont reprise. Du fait de la fertilité du sol de la Polésie, la forêt était magnifique. Des chênes millénaires s'entrelaçaient à des pins centenaires. Nous recherchions la protection des bois. Ils sont devenus notre refuge et notre foyer. Chaque arbre représentait une forteresse, chaque buisson un fort. La forêt est devenue notre meilleure amie. Je regrette de ne pas être poète ou parolier pour pouvoir faire l'éloge de la forêt, mon sauveur et mon fidèle bienfaiteur. La forêt nous a sauvés.

Nous sortons de la forêt

Après avoir vécu un an et demi dans les bois, sans douche, sans habits de rechange, nous étions dégoûtants, épuisés et affamés. Les combats d'artillerie ont bientôt commencé à se faire entendre à quelque distance de nous. C'était très bon signe car cela signifiait que les Allemands battaient en retraite. Les partisans rouges et polonais intensifiaient leurs activités et il devenait plus facile de se procurer de la nourriture. Nous avions une idée générale de ce qui se passait mais peu de détails. Il n'y avait aucune radio. Les informations étaient rares.

Finalement, le 6 janvier 1944, l'Armée rouge a libéré Rokitno et s'est lancée vers l'ouest à la poursuite des nazis. Notre groupe de survivants faisait pitié à voir. Nous avons eu du mal à accepter l'idée que nous devions quitter la forêt. Nos souffrances quotidiennes au fond des bois de Polésie avaient créé un lien profond entre nous.

Nous avions appris à vivre protégés par les bois, mais il nous fallait maintenant affronter une terrible réalité : le sort fait à nos familles et à notre communauté. Nous avons quitté notre abri dans les bois pour aller vers un monde inconnu. Épuisés, en haillons, nous sommes retournés vers le lieu où nous avions vécu notre enfance, étions allés à l'école et où nos plus dures épreuves avaient débuté. Quand Samuel et moi et quelques autres survivants de Rokitno nous sommes finalement rassemblés à Rokitno, nous n'étions que trente. Nous avons tous subis un choc horrible quand nous avons appris que la communauté juive avait été totalement anéantie.

Mon frère et moi avons entendu la vérité sur le destin tragique de notre famille et nous sommes allés rendre visite aux seules personnes que nous connaissions dans la ville, les Wrublevski, une famille polonaise. Nos familles étaient amies et lorsque nous étions petits, nous étions parfois invités à célébrer le Nouvel An chez eux et à décrocher des friandises de l'arbre de Noël. Lorsque nous sommes allés les trouver, ils se sont montrés aussi accueillants que possible. Ils nous ont donné de la nourriture et des vêtements et nous ont laissés passer la nuit chez eux.

Tôt le lendemain matin, nous sommes allés au centre-ville, où nous avons rencontré un sergent-major de l'Armée rouge nommé Gourinovitch. Il nous a demandé ce qui s'était passé à Rokitno. Quand nous lui avons raconté toute l'histoire, il a suggéré que Samuel rejoigne une unité locale comme brigadier volontaire. Et dès que mon frère a été sûr que j'y aurais une place moi aussi, c'est ce qu'il a fait.

Le sergent-major m'a amené voir Boris Markovitch Krupkin, qui dirigeait l'hôpital de campagne de l'Armée rouge n° 2408 de la 13e armée du premier front ukrainien[1]. Krupkin, un petit homme corpulent avec un grand front, a écouté notre histoire et a ordonné qu'on m'emmène immédiatement aux bains de l'armée, qu'on me nettoie et qu'on me revête d'un uniforme provisoire en attendant d'en avoir un taillé sur mesure. C'est ainsi que je suis devenu « fils

---

[1]   Dans la terminologie militaire soviétique, un « front » était un groupe coordonné d'armées pouvant fonctionner en autonomie pendant de longues périodes de temps et en charge d'une vaste région géographique. D'ordinaire commandé par un général, un « front » s'apparente au « groupe armé » occidental. Pour plus d'informations sur le premier front ukrainien, voir le glossaire.

du régiment », recrue de l'hôpital de campagne et officiellement orphelin[2]. J'avais onze ans.

Dès le premier jour, chacun, depuis le directeur de l'hôpital de campagne jusqu'au pharmacien en chef, m'a traité avec cordialité et sollicitude. Mes responsabilités ont commencé immédiatement et consistaient à aider à la pharmacie et à la poste. J'aidais à mesurer les dosages des poudres et des potions et je distribuais aussi le courrier aux soldats et aux officiers blessés.

C'est ainsi qu'un nouveau chapitre de ma vie a commencé. J'étais un orphelin en uniforme placé sous l'œil vigilant de toute une base militaire. Je suis devenu leur petit préféré. Ils s'étonnaient tous de ce qu'un enfant si jeune soit capable d'éviter d'instinct de se laisser gagner par les horreurs de la guerre. Ils voulaient tous m'entourer d'amour et me protéger. Je me faisais de nouveaux amis chaque jour mais, au fond de moi, je voulais combattre sur le front. Malgré mon jeune âge, j'espérais venger ma famille.

L'Armée rouge avançait rapidement vers l'ouest, battant les nazis, mais subissant de lourdes pertes. Nous pouvions juger de la difficulté, de l'envergure et du succès de n'importe quelle opération du front par le nombre de blessés que nous recevions à l'hôpital. C'est là que j'ai commencé à comprendre les réalités de la guerre et ses conséquences. J'ai vu de mes propres yeux tous les soldats et les officiers blessés. Je les entends encore hurler. Je vois encore les bandages sanglants, faits à la hâte dans la salle d'urgence bondée. Je sens encore l'odeur des chairs pourrissantes. Tout cela me hante encore aujourd'hui.

Même si l'hôpital de campagne était situé assez loin du front, il subissait tout de même les raids aériens des Allemands. Je me rappelle un de leurs raids, dans la ville de Dubno, à un moment où j'étais dans

---

2 Le nom de « fils du régiment » était donné aux orphelins recueillis par l'Armée rouge et qui servaient sous l'uniforme.

l'unité de chirurgie cranio-faciale de l'hôpital. Le pharmacien en chef et moi apportions des médicaments aux blessés quand la bombe est tombée et le choc nous a projetés contre le mur. C'était la première fois que je faisais l'expérience d'une telle puissance physique. Je n'ai souffert que de blessures légères, mais mon souvenir est ineffaçable. La bombe a fait de nombreuses victimes dans l'unité de chirurgie cranio-faciale parce qu'elle a heurté de plein fouet un angle du bâtiment.

Les gens qui travaillaient dans l'hôpital mobile de campagne étaient courageux, sensibles et honnêtes. L'administration comptait des gens de nombreuses nationalités, mais ils étaient tous unis pour combattre les nazis. La plupart des médecins et des administrateurs étaient juifs, cependant, et je savais qu'au moins l'un d'entre eux avait personnellement souffert lorsqu'il était entre les mains des Allemands. Je pouvais parler à certains en yiddish, mais je communiquais surtout dans un russe rudimentaire, langue que je commençais lentement à apprendre.

Ni les raids aériens, ni les tirs d'artillerie ne pouvaient empêcher le personnel médical de remplir sa mission. Parfois, ils opéraient sans électricité, à la lumière de lampes à kérosène. Un certain Gourévitch et sa femme étaient responsables de l'appareil de radiographie et ils étaient toujours prêts à assister l'équipe chirurgicale. Ils venaient de Moscou et, quand l'hôpital de campagne était passé par la ville de Brody, ils avaient adopté un garçon juif nommé Misha. Il est allé vivre avec eux à Moscou après la guerre et, plus tard, je leur ai rendu visite dans cette ville. Le destin nous a séparés depuis, mais ces gens héroïques sont pour toujours dans ma mémoire.

Il est également impossible d'oublier notre commissaire politique[3], Jiharévitch, une femme d'un certain âge qui portait toujours

---

3 Un commissaire politique était un officiel du Parti communiste chargé d'inculquer les principes du Parti et de s'assurer de la loyauté au Parti au sein d'une unité militaire soviétique. Pour plus d'informations, voir le glossaire.

une veste de cuir et un révolver à la ceinture. Elle passait beaucoup de temps avec les blessés, leur remontant le moral, claironnant chaque fois que j'apportais le courrier : « Voici Shourik[4] qui vous apporte des nouvelles de chez vous ! » L'impatience et la joie des soldats dans ces moments-là étaient indescriptibles.

Je me souviens aussi du Dr Maya Naumovna Suhuvolskaya, une jeune femme aux cheveux noirs coupés courts et au teint clair. Son uniforme blanc était toujours taché du sang des opérations précédentes. Cette femme courageuse se montrait très maternelle envers moi et trouvait toujours le temps de m'interroger sur mon passé et mes rêves d'avenir. Elle me parlait de ses parents, qui vivaient à Kyrgyztorg, dans la République soviétique du Kirghizistan, et de ses rêves pour l'après-guerre. Elle voulait épouser un capitaine d'artillerie qu'elle avait rencontré sur le front et m'adopter. La vie, cependant, impose sa propre histoire. L'amour de Maya Naumovna pour l'officier a eu une fin tragique : il a été tué peu avant la fin de la guerre. Je ne sais rien de ce qui est arrivé à Maya après la guerre. Les histoires tragiques dans lesquelles des personnes s'illustraient par leur grandeur d'âme étaient encore plus nombreuses que celles où dominait la haine. Ces personnes ne représentent qu'un échantillon de celles avec qui j'ai partagé joies et peines.

Notre hôpital faisait partie de la 13e armée, commandée par le général Poukhov. L'hôpital de campagne et tout son personnel suivaient les premières lignes de défense. À mesure que l'Armée rouge avançait et s'emparait de positions stratégiques majeures, nous en apprenions davantage sur les cruautés nazies. Ma première rencontre avec les horreurs des camps nazis a eu lieu quand nous avons atteint la ville polonaise de Rzeszów[5]. Nous avons rencontré de nom-

---

4 Shourik est un diminutif courant en russe pour Alexandre.
5 Les nazis administraient dix camps de travaux forcés à Rzeszów et dans les alentours, et la ville se trouvait non loin du camp de la mort de Bełżec où la plupart des Juifs de la région ont été tués en 1942 et 1943.

breux témoins et survivants et ils nous ont raconté leurs terribles histoires. Les soldats qui prenaient soin de moi voulaient me protéger de ces histoires, mais un fort désir de vengeance grandissait en moi. Je voulais venger la mort de mes proches et de mon peuple et j'ai décidé de devenir militaire de carrière.

À la fin du mois de juillet 1944, nous avions déjà gagné le centre de la Pologne. L'Armée rouge a traversé la Vistule et a libéré la ville de Sandomierz où j'ai finalement retrouvé mon frère Samuel qui avait voyagé avec l'Armée rouge comme brigadier volontaire. Nous avons parlé de notre famille, de nos proches parents qui étaient susceptibles d'être en Union soviétique, particulièrement de notre frère Nathan qui était parti avec les troupes soviétiques qui avaient battu en retraite au début de la guerre. Et, selon notre mère, notre seule tante, sa sœur Roza Vainer, était allée à Birobidjan en URSS avec son mari en 1933 pour aider à y établir une Région autonome des Juifs. Nous nous rappelions que le jour où les troupes soviétiques étaient entrées à Rokitno, en septembre 1939, ma mère n'arrêtait pas de parler de sa sœur. Pendant que nous étions ensemble, Samuel et moi avons préparé et posté un colis pour Tante Roza à Birobidjan.

Les troupes soviétiques commençaient à remporter des succès contre les nazis dans d'autres pays aussi. Pendant la libération de la Pologne, j'ai vu des Allemands qui avaient été faits prisonniers par les Soviétiques. Ce n'étaient plus les soldats arrogants qui se faisaient prendre en photo à côté de Juifs massacrés. Les soldats soviétiques participaient fréquemment au procès (comme témoins) et à l'exécution des prisonniers de guerre allemands qui avaient été convaincus de crimes de guerre par l'armée soviétique.

Par contraste avec ces pénibles procès, je voyais aussi des gens marcher le long des routes avec des poussettes, désireux de bâtir de nouvelles vies après être retournés chez eux dans les villes et les villages qui avaient été libérés. C'étaient des gens qui avaient échappé à la mort dans les camps de concentration et les camps de travail parce que le temps avait manqué aux Allemands. Je n'arrive toujours pas à comprendre comment l'humanité a laissé se produire une telle atrocité. Quand je considère tout ce dont j'ai été témoin, je pense que j'en ai vu plus qu'une personne, *a fortiori* un enfant, n'aurait dû en voir, mais pourtant je suis resté normal. Cela reste un mystère.

Tous ceux qui ont vécu la guerre, tous les citoyens de l'Union soviétique, des enfants jusqu'aux vieillards, se rappellent le grésillement de la radio et la voix inoubliable de l'annonceur, Youri Levitan, qui commençait toutes ses émissions par ces mots : « Ici Moscou ». Et il est une émission qu'aucun de nous n'oubliera jamais, celle où il a dit : « Voici les dernières nouvelles du Bureau soviétique d'information (le *Sovinformburo*) : les troupes du premier front ukrainien ont réussi à traverser l'Oder... » Avec cette annonce, c'était officiel : les troupes soviétiques étaient entrées en Allemagne et avaient commencé à battre les nazis sur leur propre sol. À leur suite, notre hôpital de campagne a pénétré aussi en Allemagne. Près du front, j'ai continué à constater les conséquences de la guerre.

Tandis que l'Armée rouge entrait en Prusse orientale, plus de 2 millions d'Allemands fuyaient vers l'ouest. Ces populations allemandes fuyaient l'avancée des Soviétiques et le châtiment certain qu'elles recevraient pour les cruautés commises par leurs concitoyens. Et de fait, j'ai été témoin de la conduite de l'Armée soviétique pendant sa marche victorieuse à travers le territoire allemand et elle était tout sauf vertueuse. Je me rappelle avoir vu une femme appelant au secours parce qu'elle avait été poignardée par un soldat soviétique. Personne ne l'a aidée. Les viols étaient aussi chose commune. Les officiers soviétiques inscrivaient un message codé à l'extérieur des maisons où on était en train de commettre un viol : « La maison est minée, sergent-chef Ivanov. »

En Allemagne, j'ai pu voir mon frère Samuel plus souvent. Je me suis lié avec d'autres recrues des régiments voisins avec qui nous faisions des raids dans les maisons allemandes pour prendre des pendules, des montres et d'autres trophées à envoyer aux survivants de nos familles. Mon frère a eu l'idée d'envoyer des colis de ce genre à

Tante Roza, à Birobidjan. Nous mettions de petits morceaux d'or et d'autres menus objets de valeur dans des savons : nous coupions les savons en deux, faisions un trou au milieu, glissions l'objet dedans et recollions les deux moitiés de façon à rendre la coupure invisible. La procédure était nécessaire parce que souvent les paquets étaient ouverts et les objets de valeur perdus ou volés. Beaucoup plus tard, nous avons appris que notre tante échangeait ces précieux colis contre du pain et d'autres denrées parce qu'elle était veuve avec un bébé à nourrir. Elle ne se doutait pas de la véritable valeur du savon bon marché que nous lui envoyions.

En mars 1945, l'armée allemande perdait bataille après bataille et a commencé à enrôler tous les jeunes hommes nés après 1929. L'Allemagne nazie vivait ses dernières semaines. Le IIIe Reich sombrait. Juste à ce moment-là, quand la victoire était imminente, Staline a ordonné que tous les adolescents recueillis par l'Armée rouge sur son trajet vers l'ouest soient envoyés vers l'intérieur du pays et placés dans des orphelinats ou des écoles pour reprendre leurs études. Tous ces enfants, moi y compris, avions déjà été à rude école, mais maintenant, nous avions l'occasion de recevoir une éducation secondaire et peut-être de commencer une vie normale de jeunes garçons. L'ordre a été donné en avril 1945, au moment où je venais d'avoir 13 ans. Il a aussi marqué le début d'une séparation de trente ans d'avec mon frère Samuel.

Le jour de mon départ pour Moscou, mon frère m'a tendu une petite valise avec quelques objets dont je pourrais avoir besoin. J'avais déjà un couteau de poche et un petit pistolet caché dans mes affaires. J'étais escorté par une infirmière enceinte qui retournait chez elle, à Shelkovo, près de Moscou. Ensemble, nous avons commencé notre voyage dans des trains de marchandises transportant vers l'est du matériel provenant d'usines allemandes démontées[6].

----

6 Quand l'URSS a occupé l'Allemagne, en 1945, elle s'est embarquée dans une politique de dédommagement économique et de reconstruction de

En République socialiste soviétique de Biélorussie, nous nous sommes arrêtés dans le village où vivaient les parents de l'infirmière. J'y ai été témoin d'une tragédie fréquente dans la période de l'après-guerre, sur les arrières de l'armée. Un groupe d'enfants a trouvé une charge explosive, une bombe amorcée de deux cents grammes, et a décidé de la faire détonner dans l'eau pour tuer des poissons. Ils m'ont demandé de me joindre à eux, mais j'étais conscient du danger. J'ai tout tenté pour les dissuader, mais ils étaient irresponsables et ne voulaient pas m'écouter. Tandis que je me tenais à distance, une terrible explosion a secoué le lac, tuant un garçon et blessant grièvement un autre.

L'infirmière et moi avons quitté le village, tout tristes, et nous nous sommes dirigés vers Moscou. Un monde nouveau s'ouvrait devant moi et je m'y suis adapté rapidement, comme seul peut le faire un enfant. Moscou était belle et m'a vivement étonné. Pourtant, habitué que j'étais aux surprises, je n'ai pas été dérouté. D'une certaine façon, elle ne me semblait pas si imposante : c'était presque comme un nouveau genre de forêt à explorer et avec laquelle je devais apprendre à me débrouiller.

L'infirmière m'a laissé dans un refuge pour les soldats convalescents qui étaient en route vers les arrières de l'armée. Le centre était grand, beaucoup de gens y vivaient et y travaillaient. Cette résidence improvisée était située au numéro 32 de la rue Stromynka, non loin de la rivière Yauza, une des rivières de la ville. Comme j'avais été enrôlé officiellement dans l'armée, j'avais droit aux allocations régu-

---

sa propre économie, tout en punissant l'Allemagne : des usines entiè-res étaient systématiquement démontées et envoyées en URSS. C'est ce type de matériel qu'Alex accompagnait vers l'est, au début de l'été 1945. L'accord pour l'après-guerre, signé à la conférence de Postdam, en 1946, incluait cette politique de « démontage » qui figurait parmi le programme général de réparations en vue d'une compensation exacte des dommages infligés par l'Allemagne à l'étranger.

lières de l'armée qui comprenaient de la nourriture, des vêtements et de l'argent. Chaque jour, de plus en plus d'orphelins arrivaient à Moscou, et en conséquence, plus de jeunes recrues arrivaient au refuge.

Je continuais à rêver à une carrière militaire. Je voulais venger les innocents qui avaient été assassinés, pour leur rendre leur dignité et leur humanité. Mais l'administration du refuge projetait de tous nous enrôler dans différentes écoles professionnelles. C'est pour cette raison que j'ai décidé de me sauver et, quand je l'ai fait, j'ai eu la chance de rencontrer un militaire, le capitaine Musihine, commandant de l'unité d'infanterie locale (O M S R 86). Il s'est pris d'une grande affection pour moi, m'a enrôlé dans sa compagnie et a décidé de m'aider à poursuivre mon rêve : devenir cadet dans l'une des Écoles militaires Souvorov, celle située à Voronej, dans le sud-ouest de la Russie[7]. Une fois de plus, j'avais eu la chance de rencontrer un inconnu bon et compatissant. Il m'a non seulement enrôlé, mais il a aussi demandé à sa femme, qui était enseignante, de m'aider à faire des progrès en russe.

J'ai entrepris mes études avec beaucoup d'enthousiasme. Je trouvais malgré tout le temps d'explorer Moscou. J'allais au cinéma (c'était gratuit pour ceux qui revenaient du front). J'étais à Moscou le beau jour durant lequel la Deuxième Guerre mondiale a pris fin. À la radio, la voix puissante de Levitan rendait hommage à la population pour cette victoire. Les rues de Moscou étaient emplies d'une

---

7 Créées en 1943, les Écoles militaires Souvorov étaient un groupe de pensionnats pour les garçons âgés de 14 à 17 ans. Elles enseignaient à la fois des matières militaires et le programme général des écoles secondaires. Le fait qu'il s'agisse de pensionnats était un aspect important parce qu'elles ont enrôlé beaucoup d'orphelins de guerre et d'enfants de mères célibataires. Ces écoles sont devenues très prestigieuses en U R S S et sont vite apparues comme le meilleur moyen de commencer une carrière d'officier. Pour plus d'informations, voir le glossaire.

foule en liesse. Partout les gens dansaient et pleuraient de joie. Tout le monde s'embrassait, s'étreignait. Jeune homme en uniforme, je ne pouvais pas faire un pas sans que les gens m'embrassent, me donnent des friandises ou m'invitent à entrer chez eux. Le 9 mai 1945, un défilé de la victoire a été organisé sur la Place rouge et a scellé ce chapitre de l'histoire de l'humanité. Cette expérience a été extraordinaire, mais son souvenir s'est effacé avec le temps, alors que, par contre, mes souvenirs de la guerre m'ont hanté toute la vie.

Après les festivités, j'ai commencé à me concentrer sur mon entrée à l'École militaire Souvorov. Suivant les conseils de Musihine, je suis allé au Comité antifasciste juif, rue Kropotkine, où j'ai rencontré un autre grand homme, Solomon Mikhaïlovitch Mikhoels[8], le directeur du comité. Il a demandé à son secrétariat de me préparer une lettre de recommandation destinée à l'École militaire Souvorov. Le bureau des écoles militaires se situait tout près de la rue Kropotkine.

Mikhoels m'a aussi donné un abonnement au Théâtre juif et je suis vite devenu un habitué. Grâce à ma visite au Comité antifasciste juif, j'ai rencontré un journaliste qui m'a interviewé sur ma vie. Il a écrit un article intitulé « Khaver Royterarmeyer » (Camarade soldat de l'Armée rouge) qui a paru dans le journal en yiddish du Comité, *Eynikayt* (Unité)[9]. Le Comité antifasciste juif jouissait à l'époque d'une grande influence. Au printemps et à l'été 1943, l'or-

---

8 Le Comité antifasciste juif a été créé par les autorités soviétiques en avril 1942 pour inciter les communautés juives de l'Ouest à soutenir politiquement et matériellement l'armée soviétique dans son combat contre l'Allemagne nazie. Solomon Mikhoels, célèbre acteur et directeur du Théâtre juif d'État de Moscou en fut nommé président et de nombreuses célébrités juives soviétiques participaient aux activités du comité. Pour plus d'informations, voir le glossaire.

9 La traduction de l'article en yiddish faite par Alex Levin est incluse dans les annexes, page 137.

ganisation avait envoyé Mikhoels et Itzik Fefer, un poète yiddish, parler aux communautés juives des États-Unis, du Canada et du Mexique pour rallier le soutien juif à Staline et à l'Union soviétique.

Ma saga moscovite n'a pas duré très longtemps parce qu'après quelques semaines, j'ai été convoqué pour passer l'examen d'entrée à l'École militaire Souvorov. Il fallait que je fasse une dictée en russe, et je ne vous dis pas à quel point j'étais nerveux : j'avais à peine commencé à étudier formellement le russe avec la femme du capitaine Musihine et mon russe était tout au plus médiocre. Toutefois, en dépit de mes nombreuses fautes, j'ai été accepté. J'ai couru annoncer la nouvelle à Musihine et le 28 septembre 1945, c'était officiel, je ne toucherais plus la solde de sa compagnie.

L'École militaire Souvorov

Je demande à mes descendants de suivre mon exemple.

ALEXANDRE VASSILIÉVITCH SOUVOROV

Un beau jour de septembre 1945, j'ai reçu mon allocation de voyage et je suis allé à la gare de Moscou attendre le train pour Voronej. La gare était bondée et il y avait d'autres enfants qui allaient aussi à Voronej. Assis sur un banc, je regardais anxieusement autour de moi et je me demandais ce qui m'attendait à l'École militaire Souvorov. Comment allais-je me débrouiller avec ma faible maîtrise du russe ? L'avenir n'était pas clair et l'incertitude me terrifiait.

Mes réflexions ont été interrompues par une femme qui m'avait remarqué, assis tout seul. Elle s'appelait Tamara Akimovna Sidorova. Son fils, Novik Sidorov, attendait lui aussi le train pour l'École des cadets de Voronej et, plus tard, il est devenu un de mes meilleurs amis. Tamara Sidorova était une femme d'âge mûr, d'une beauté très originale. Sa voix était douce et chaleureuse. Je me suis senti assez à l'aise pour lui raconter l'histoire de ma vie, riche qu'elle était d'amour, de chance, d'horreurs et de connaissances pour quelqu'un d'aussi jeune. Elle m'a écouté attentivement, caressant mon épaisse chevelure noire. Quand j'ai eu fini, elle a demandé à son fils de devenir mon ami et m'a invité à passer mes vacances avec leur famille à Moscou.

Le train est arrivé et nous sommes partis rapidement. Ma nervosité grandissait à chaque martèlement rythmique du train sur les rails. Mais Novik et moi avons vite commencé à nous amuser avec les autres garçons qui voyageaient dans le même wagon. Nous restions ensemble, comme nous l'avait recommandé la mère de Novik. Le voyage était long (plus de 24 heures) et nous devions dormir sur des banquettes sans literie. Quoique la guerre soit finie, les trains étaient encore pleins de soldats, beaucoup d'entre eux étaient des blessés qui retournaient maintenant chez eux. La plupart des civils du train étaient des femmes, souvent avec des enfants. Les wagons étaient bondés et empestaient la sueur. Les futurs cadets Souvorov occupaient quasiment la moitié des wagons. C'étaient des garçons qui avaient survécu aux horreurs de la guerre : les raids aériens, les attaques d'artillerie, la famine et le froid. Vadim Mihanovsky a décrit leur expérience dans un de ses poèmes :

Et je me souviens sans peine
Des bombardements de 1941, de la gare effondrée sur les gens,
Les couvrant de débris, de briques, de poussière.
Je n'oublierai pas les bombardiers
Mitraillant à travers le toit des trains,
Et les cris des enfants dans ces wagons
S'agrippant à leurs mères mortes[1].

Mais il n'y avait pas d'autres Juifs qui, comme moi, avaient survécu à une tout autre série d'horreurs en Pologne.

Les roues du train continuaient leur mélodie. Au fur et à mesure que les garçons faisaient connaissance, ils échangeaient l'histoire de leur enfance. Tous essayaient de passer pour plus âgés qu'ils ne l'étaient vraiment, espérant devenir le chef de bande. Novik est le

---

1 Mihanovsky, Vadim et Bergelson, L. *Memory*. Voronej-Novosibirsk, 2001. Recueil de treize poèmes en russe.

seul en qui je me sois mis à avoir confiance au cours de ce voyage et j'ai continué pendant de longues années après. En fait, sa loyauté envers moi a été mise à l'épreuve une première fois lors de ce voyage. Notre conversation avait été interrompue par le commentaire d'un garçon qui faisait plus âgé que nous parce qu'il était plus grand. Il a insulté les Juifs en utilisant le mot russe péjoratif *jid*. Avant que j'aie eu la chance de dire quoi que ce soit, mon ami Novik s'est précipité et l'a agrippé avec l'intention de le jeter du train en marche. Décontenancé, Victor a changé de ton et s'est excusé.

Parmi tous les garçons du wagon, j'étais le seul à porter un véritable uniforme militaire. Cela suscitait l'intérêt et le respect de tout le monde : ils le voyaient comme un symbole de mon expérience et de ma maturité, et aussi de la grande victoire de l'URSS. Les garçons se pressaient sur les banquettes inconfortables et me posaient des questions enthousiastes sur la vie au front. La plupart avaient perdu leur père à la guerre, mais pour d'autres, leur père était encore dans l'Armée rouge.

Nous sommes enfin arrivés à la gare de Voronej. Notre nervosité croissait de minute en minute. L'officier chargé de nous escorter jusqu'à l'École militaire Souvorov était un homme paternel, très expérimenté, qui avait bien pris soin de nous pendant le voyage en train. On nous a tous fait monter dans un grand camion et on nous a emmenés à Pridacha, une banlieue de Voronej. Le trajet de la gare à l'école n'était pas long, mais assez pour que nous remarquions les marques qu'avait laissées la guerre. Voronej avait beaucoup souffert durant les batailles pour la libération[2].

Une fois dépassé le parc Petrovsky, qui deviendrait plus tard le

---

2 Voronej a été le théâtre de combats féroces entre les armées allemande et soviétique en 1942 et 1943, et a été presque entièrement détruite. Les Allemands ont utilisé la ville comme une de leurs bases principales pour leur attaque contre Stalingrad.

point central de nombreux événements importants de ma vie, nous avons rejoint le barrage puis le pont Chernavsky, et nous avons traversé la rivière Voronej. Nous sentions que nous empruntions maintenant une route de terre et nous nous accroupissions pour minimiser l'impact des bonds du camion sur les nombreux nids de poule. Puis une sorte de forteresse s'est dressée devant nous, avec un panneau au-dessus de la lourde porte où nous pouvions lire : « École militaire Souvorov de Voronej ». Le directeur de l'école est sorti, a parlé brièvement avec l'officier qui nous escortait puis a donné l'ordre d'ouvrir les portes. On nous a déposés dans une des casernes où nous avons passé la nuit, sur des matelas à même le sol.

J'ai eu une bagarre infantile et sotte, plus exactement une confrontation avec des Yougoslaves, ce tout premier soir. C'était une épreuve de force plus qu'une expression de haine et cela n'a pas duré longtemps. Tout de même, mes premiers moments dans le nouvel environnement de l'école militaire, entouré d'inconnus, ont été plutôt rudes. La nuit est tombée rapidement.

Le matin, on nous a tous emmenés aux bains, situés dans la cour. Quand tous les garçons se sont déshabillés pour entrer dans les bains, j'étais hésitant essayant de trouver un moyen de cacher le fait que j'étais circoncis. Comment les autres garçons allaient-ils réagir ? Se moqueraient-ils de moi ? J'étais le seul Juif du lieu. En fait, comme les bains étaient bondés, personne n'a rien remarqué. Mais j'ai été angoissé jusqu'à ce que je puisse me rhabiller. On nous avait distribué de nouveaux uniformes, qui plaisaient à tout le monde.

Après les bains, nous sommes allés à la cafétéria. Au premier étage, nous avons vu une table recouverte d'une nappe blanche comme neige avec un couvert de porcelaine fine mis avec précision. J'ai aussi remarqué des biscuits blancs. Je n'avais jamais vu une telle table, ni dans mon enfance, ni, bien entendu, dans la forêt, ni dans l'hôpital de campagne – ni même dans mes rêves. À l'hôpital de campagne, nous n'avions qu'un bol et une cuillère. Ici, dès le départ, nous avons commencé à acquérir une discipline, le sens de l'ordre et de la préséance. Nous sommes allés en file vers la table et nous nous sommes tenus face à nos chaises, en attendant que le commandant s'assoie. Moins de dix minutes après, le petit déjeuner était fini.

Le premier stade de notre initiation à la vie d'une école militaire était l'introduction des nouvelles recrues aux cadets. On m'a assigné à un groupe avancé qui incluait trois autres fils du régiment : Nikolai (Kolya) Potozky, Victor Jouk et Iva (Vanya) Makarov. La guerre avait interrompu nos études et maintenant nous devions tous rattraper notre retard, mais c'était encore plus difficile pour moi. Comme ma première langue était le yiddish et que j'avais appris l'essentiel de mon russe tout seul, à part les quelques leçons données par la femme du capitaine Musihine, ma maîtrise du russe était mauvaise.

On nous a nommés à la 3ᵉ section de la 6ᵉ Compagnie. Notre professeur et superviseur était le capitaine Zavialov. L'École militaire Souvorov avait été fondée en 1943 et offrait une éducation basée sur les principes des académies de cadets de la Russie pré-soviétique. Le livre de chevet de tous les professeurs et superviseurs de l'école était *Cinquante ans de service*, du général Alexeï A. Ignatiev[3]. Notre éducation à l'école avait des aspects compliqués et bizarres parce que l'URSS était un pays communiste dirigé par le dictateur Joseph Staline, rendu omniprésent par le « culte de la personnalité »[4] qu'il avait créé. L'école cherchait à instiller en nous la fidélité au Parti communiste de Staline, mais je me rends compte maintenant qu'en pratique, cet objectif était secondaire : on nous incul-

---

3 *Cinquante ans dans le rang* est le titre des mémoires du général Alexeï Alexéïévitch Ignatiev, un général du tsar Nicolas I I qui est devenu général soviétique et Héros de l'Union soviétique après la Révolution russe de 1918.

4 Staline a créé un « culte de la personnalité » en utilisant les médias pour se présenter en dieu, en père infaillible de l'URSS. Son portrait était accroché dans les maisons et les bâtiments officiels et les artistes et les poètes avaient pour obligation légale de ne produire que des œuvres à sa gloire.

quait avant tout les valeurs de la loyauté envers le groupe, de l'amitié et du travail d'équipe.

L'école militaire est devenue notre foyer et notre famille, tout autant que notre école. Tous les matins, nous commencions par des exercices physiques, suivis des cours et de l'étude, le tout entre les quatre murs de l'école. À la longue, tout cela est devenu une routine. Au fur et à mesure que se développaient nos amitiés, des groupes variés se formaient et rivalisaient pour dominer. L'arrivée des fils du régiment (dont je faisais partie) menaçait la position des cadets plus âgés et sapait leur contrôle sur les cadets plus jeunes. Aussi les cadets plus anciens essayaient-ils de nous séparer et de susciter des querelles entre nous. Ils contraignaient également les plus jeunes à leur donner leurs fruits, leurs jus, leurs graines de tournesol. C'étaient des sottises, mais certains garçons n'en étaient pas moins terrorisés. Mon groupe, qui s'est formé au cours de plusieurs années, comprenait Novik Sidorov, Boris Plotnik, Kolya Potozky et quelques autres. Ce groupe était monolithique, soudé et respecté parce que plusieurs d'entre nous étions fils du régiment. Au fil des années, il est devenu plus fort et j'en suis devenu le chef.

Les professeurs de l'école étaient les meilleurs de la région de Voronej et je travaillais dur mon russe et les autres matières. Je n'oublierai jamais l'attention dont j'ai fait l'objet de la part de mes professeurs. A. S. Milovidov enseignait la langue et la littérature russes; A. I. Darmodehina, les mathématiques; M. N. Postnikov, la physique; S. N. Kolesnev, la chimie; P. M. Markina, la géographie; A. M. Kikot, le français; S. V. Finin et Tutukov, l'éducation physique (c'est-à-dire la gymnastique), et bien d'autres. Je pourrais en écrire long sur chacun. C'étaient essentiellement des officiers venus du front, à la fin de la guerre, qui avaient reçu antérieurement un entraînement et une éducation militaires. Ils prenaient leur tâche au sérieux, comme si une lourde responsabilité pesait sur leurs épaules. Élaborant des méthodes d'éducation spéciales pour élever des orphelins de guerre ou des enfants élevés seulement par leur mère, dans la pauvreté et la famine, ils cherchaient à faire de nous les officiers d'élite de l'avenir. Ils nous considéraient comme un matériau brut qu'ils essayaient de modeler en individus fidèles au peuple soviétique et au Parti communiste, quoique, comme je l'ai dit, beaucoup d'entre nous se soient peu souciés de loyauté envers le Parti. Nous recevions une bonne éducation, un excellent entraînement physique et surtout nous avons formé des liens d'amitié qui ont résisté à l'usure des années. L'école prenait au sérieux son mandat de préparer du personnel militaire compétent pour l'avenir et mettait tout en œuvre pour recruter les meilleurs professeurs et le meilleur personnel. Je remercie mes professeurs du fond du cœur. Nombre d'entre eux ne sont plus parmi nous mais ils ont gardé leur place dans mon cœur.

Je pense que mes expériences précoces et ma peur de tomber aux mains des nazis m'ont inculqué des aptitudes à la survie que n'avaient pas les autres garçons. Il me fallait faire des efforts supplémentaires pour mes études, par exemple, mais je devais trouver le moyen de le faire sans que les autres garçons ne s'en aperçoivent. Personne n'aimait les élèves travailleurs : on les appelait avec mépris des *zubrila*. Tous les soirs, je me cachais dans les toilettes et je restais tard à mémoriser mon travail pour le lendemain.

Au fur et à mesure que le temps passait, j'étais de plus en plus confiant que je pourrais assimiler toutes les leçons données par le professeur. En plus de nos leçons régulières dans les matières traditionnelles, nous suivions aussi un rude entraînement militaire et nous étudiions l'esthétique, l'éthique, la logique, la psychologie et, surprise intéressante, la danse de salon. On nous encourageait à avoir l'esprit ouvert et à chercher la beauté dans chaque être et chaque chose vivante. Le son des élèves récitant les vers du grand poète Pouchkine « Mes amis, notre union est délicieuse...[5] » résonnait dans les couloirs.

---

5 Tiré du poème d'Alexandre Pouchkine « Le 19 Octobre », publié en 1825.

En dépit de mon appartenance à un solide groupe de garçons qui se protégeaient mutuellement, j'ai fait l'expérience d'une explosion d'antisémitisme de la part de l'un des cadets plus âgés. On m'avait ordonné de creuser un trou près du terrain de volleyball et un garçon qui passait a lancé : « Hé, le Juif, tu creuses ta tombe ? » J'ai perdu tout contrôle et je l'ai frappé sur la tête avec ma pelle, sans me préoccuper des conséquences. Comme personne de mon groupe n'était là pour m'aider et que ce garçon était beaucoup plus fort que moi, j'ai été blessé. Cet incident m'a rendu plus prudent.

Je suis devenu le meilleur élève et je participais activement à toutes les activités de l'école. Il y avait de nombreuses occasions de s'impliquer. Qui aurait cru qu'après cette guerre brutale nous apprendrions à danser ? Que nous tourbillonnerions sur la mazurka, flotterions sur le pas de zéphyre et le pas espagnol, et la valse boston, le fox-trot et le tango ? C'était un changement radical pour moi, petit Juif élevé dans une maison strictement juive, respectant la *kashrouth*, les prières à la synagogue et une instruction élémentaire en yiddish dans une *héder*, mais la débrouillardise, le bon sens et la vivacité d'esprit me motivaient et me guidaient.

Confinés dans une école de garçons pour étudier, nous étions naturellement intéressés par les filles. Elles excitaient notre imagination et nous avions des rêves fous. Quelle énergie nous avions ! Aussi, dans ma deuxième ou troisième année d'école, nous avons eu l'idée d'organiser une série de réunions avec les filles des écoles de filles de la région, en commençant par l'école n° 23, de Pridacha. Nous avons formé un club de théâtre et choisi une pièce qui avait trois rôles féminins, puis nous avons parlé à l'administration de l'école militaire pour demander la permission d'inviter quelques filles de l'école n° 23 à se joindre à notre troupe. On nous l'a accordée.

À l'occasion des répétitions, nous avons trouvé le moyen de passer un peu de temps seuls avec ces filles, de danser et même d'avoir des amourettes. C'étaient d'innocents béguins enfantins, mais dans certains cas, ils ont mené à un premier amour. Valentina (Valya)

Grinkévitch a été la première fille que j'aie connue grâce au club de théâtre. C'était une fille fragile, avec un petit nez, qui vivait avec ses parents dans une maison modeste. Celle-ci n'était pas loin de l'école militaire, aussi avais-je l'espoir de poursuivre nos relations durant mes rares et brèves permissions.

Nos rencontres se sont progressivement faites plus fréquentes, sur scène et hors scène. Elle était fascinée par les histoires de ma vie à l'école militaire et au front. Nous n'avions ni l'un ni l'autre d'expérience amoureuse, mais il est difficile de réprimer le corps et, sans penser aux conséquences, nous suivions notre passion. C'est arrivé chez elle, en été, un jour où ses parents étaient partis. Je suis arrivé dans mon uniforme d'été, c'est-à-dire en chemise blanche et en pantalon noir à rayures vertes. Nous avons été emportés par le désir et tout s'est passé très vite. Cependant, notre crainte du retour inopiné de ses parents nous a empêchés de savourer le plaisir dont parlaient les livres. D'autres occasions nous ont permis de nous abandonner un peu plus.

Les jours filaient à l'école et j'avais peu de temps libre. Outre le lourd programme des cours, j'étais aussi activement impliqué dans les activités sportives. La salle de gymnastique était immense et nous y passions beaucoup de temps à nous entraîner et à faire des compétitions entre équipes des différentes classes, compagnies et villes. Je participais aux compétitions de l'école en basketball, en football et en escrime, ainsi qu'au cross régional. Mes résultats étaient plutôt bons. Je courais le cent mètres en 11,6 secondes et j'étais un des meilleurs escrimeurs de l'école. Ces succès sportifs étaient le résultat d'un entraînement rigoureux inspiré par mon désir de gagner le respect de mes pairs et de l'administration.

Comme je l'ai dit, la vie à l'école militaire était remplie par les cours et les entraînements sportifs, aussi avions-nous peu de temps personnel. Nous passions la majeure partie des heures et des jours entre les quatre murs de l'école et il était difficile de s'échapper, de respirer l'air de la liberté et de rencontrer les garçons et les filles du coin. Le privilège des permissions de fin de semaine se gagnait par un travail acharné, une conduite exemplaire et une tenue irréprochable. Je me rappelle les interminables inspections pour déterminer qui obtiendrait l'autorisation de sortir. En guise de distraction, les garçons à qui elle était refusée ne pouvaient compter que sur les récits du plaisir des camarades rentrés de permission.

Les méthodes de discipline se raffinaient au fil des ans, mais la discipline était généralement bâtie sur le principe : « Un pour tous, tous pour un ». Quand quelqu'un commettait une infraction, une punition collective courante consistait en une marche épuisante de la compagnie jusqu'à Otrojki, à quelques kilomètres de Voronej. On enfermait aussi les coupables dans la cellule disciplinaire de l'école, qui datait du temps où le bâtiment était une prison d'État. C'était une pièce étroite, avec un sol de ciment et une minuscule ouverture au plafond qui ne laissait pénétrer qu'un jour misérable. J'ai vu cette cellule, mais j'ai eu la chance de ne jamais y être enfermé.

Beaucoup de garçons se défoulaient en prenant part à diverses escapades interdites. Moi aussi, j'ai fait partie des « raids » sur les camions de pain et de quelques descentes dans les cuisines. C'est comme cela que nous nous procurions un supplément de pain et de viande. Nous ne le faisions pas parce que nous avions faim, mais pour mettre à l'épreuve la loyauté de chacun des membres envers le groupe. Il ne s'agissait que de sottises enfantines, mais elles nous permettaient de nous défouler. Nous faisions aussi enrager certains professeurs. Notre professeur de français était une vieille dame du temps des tsars qui essayait de nous enseigner la langue et de nous initier à la littérature et à la culture françaises. Mais les garçons se montraient vraiment cruels avec elle. Je me souviens aussi d'un incident avec la professeure de géographie. Les garçons ont découvert qu'elle avait des relations intimes avec un major habitant dans la région et ils n'arrêtaient pas de faire des remarques et de ricaner.

En face de notre école, il y avait une caserne abritant des prisonniers de guerre allemands, qui me rappelaient sans cesse la guerre si récente. Nous les voyions depuis les fenêtres du premier étage, en train de jouer au football ou de monter dans des camions pour aller travailler à la reconstruction de Voronej, démolie en grande partie par eux. Parfois, quand nous avions une permission de fin de semaine, nous sautions dans ces camions pour gagner plus vite la ville. Je me rappelle avoir demandé aux Allemands où ils avaient combattu. Ils ont répondu que la plupart d'entre eux faisaient partie de compagnies de ravitaillement. Pour nous, enfants de la guerre, c'était intéressant de voir l'autre aspect de ces coqs de combat tristement célèbres.

Ce que l'on appelait l'été Souvorov consistait en un mois pendant lequel tout le monde retournait chez soi et en deux mois passés dans un camp d'été. Nous vivions dans des tentes, en pleine nature, dans les champs, et nous randonnions dans divers lieux historiques aux environs de Voronej, tels que Semiluki, Ramon et Usman. L'un de nos sites de campement d'été était situé à la lisière des célèbres Jardins Ramon, sur la rive ouest de la rivière Voronej. Notre camp se trouvait le long de ces magnifiques jardins, mais il nous était interdit de cueillir les fruits, de peur d'une épidémie de dysenterie. Une rangée de pierres peintes en blanc séparait le camp des jardins et nous l'appelions « la ligne des généraux ».

Je me rappelle aussi un incident qui s'est produit au camp d'été de Semiluki qui était situé entre deux rivières, le Don et la Devitsa. Nous avions planifié un raid secret dans des champs de pastèques alentours. Durant l'heure la plus tranquille de l'après-midi, un groupe de garçons et moi avons secrètement traversé la Devitsa sur un petit bateau et nous nous sommes dirigés vers les champs, mais l'expédition n'a été que partiellement réussie car un garde nous a remarqués et s'est mis à crier et à tirer des coups de fusil en l'air. Nous avons emporté les pastèques comme nous pouvions, dans nos chemises et dans nos mains entrelacées et nous avons couru jusqu'au bateau. Puis, une fois la cargaison chargée, nous n'avons pas retrouvé nos rames, il nous a fallu ramer à la main tout du long jusqu'à l'autre rive. Telle a été la fin de notre raid. Les pastèques étaient quand même délicieuses...

Parfois, nous sabotions la salle d'études. C'était facile : nous court-circuitions avec une aiguille les lignes électriques du bâtiment et coupions l'électricité, si bien qu'on ne pouvait pas nous réclamer notre travail le lendemain. Notre dissipation enfantine s'est bientôt transformée en fanfaronnade d'adolescents. Par exemple, nous partions sans autorisation, ce qui entraînait de lourdes réprimandes. Je pense que nos escapades avaient un bon et un mauvais côté : d'une certaine façon, nous montrions ce que nous croyions être du courage, de l'héroïsme, d'autre part, nous les faisions pour plastronner. Cependant, nous grandissions et mûrissions et le personnel de l'école nous préparait avec succès à être des militaires hautement qualifiés.

Mon acharnement à étudier et à participer aux activités de l'école m'avait valu un excellent rang dans ma classe. En fait, j'avais progressé rapidement malgré le retard que j'avais à mon arrivée par rapport aux élèves de mon âge. Je les avais rattrapés rapidement et après un été passé à travailler dur, j'ai atteint le niveau normal pour mon âge. Dans ma nouvelle classe, il y avait dix « fils du régiment ». En 1951, j'ai eu 19 ans et c'était presque le moment des examens finals et de la remise des diplômes.

De même qu'au temps des tsars tous les cadets ne finissaient pas officiers, mais devenaient écrivains, inventeurs, etc., tous les cadets Souvorov ne restaient pas dans l'armée. De fait, ma destinée allait être différente – rude et parfois injuste.

Avant la remise des diplômes, avec un autre cadet Souvorov, je me suis vu offrir la possibilité de m'inscrire au Parti communiste de l'Union soviétique[6]. Cependant, on était en 1951, au beau milieu de

---

6 Devenir membre du Parti communiste était d'une importance capitale pour faire carrière en Union soviétique, parce que cela confirmait son allégeance à la nation et aux principes de l'URSS. Peu importait que l'on soit,

la tristement célèbre campagne antisémite de Staline. Quoique j'aie fait toute la formation et les démarches administratives, à la fin, on m'a refusé l'admission. Une personne de Rokitno avait informé les officiels du Parti que mon père avait été un propagandiste juif qui s'occupait de littérature hébraïque. Ce n'était pas vrai et je me demande toujours qui avait bien pu donner cette fausse information.

Avec le recul, je comprends qu'il s'agissait d'une nouvelle période de persécutions et de harcèlement des Juifs en Union soviétique. En 1948, Staline avait lancé une campagne ouverte pour exclure les Juifs du Parti communiste et du gouvernement et même interdire la publication des écrivains juifs[7]. À l'époque, j'avais été choqué de lire dans les journaux des articles accusant Solomon Mikhoels, ce grand homme, directeur du Comité antifasciste juif d'être un « bourgeois nationaliste juif » et un « agent double » des États-Unis et du *Joint* (l'*American Jewish Joint Distribution Committee*), une agence caritative juive[8]. Les journaux écrivaient que Mikhoels avait été tué par des bandits à Minsk, alors qu'en fait il avait été exécuté par les autorités. À la fin de 1948, le Comité antifasciste juif avait été interdit

---

en fait, un communiste zélé, entrer au Parti était une démarche essentielle pour avancer professionnellement.

7 Entre 1948 et 1953, Staline a lancé une campagne visant les Juifs soviétiques, au sein d'une vaste campagne politique culturelle violemment antioccidentale connue sous le nom de jdanovisme (du nom d'Andreï Jdanov, secrétaire du comité central du Parti, chargé du domaine culturel et de l'idéologie). Staline accusait les Juifs de ne pas faire allégeance pleine et entière à l'Union soviétique et beaucoup d'entre eux ont été victimes de fausses accusations, jugés et condamnés aux travaux forcés ou à la peine capitale. Pour plus d'informations, voir le glossaire et l'introduction.

8 L'*American Jewish Joint Distribution Committee* (plus connu sous le nom de *Joint*, ou d'A J D C) avait été créé pendant la Première Guerre mondiale et avait pour mission de distribuer les fonds collectés par les œuvres juives américaines pour venir en aide aux Juifs d'Europe et de Palestine. L'organisation apporte aujourd'hui encore son soutien aux Juifs de par le monde.

ainsi que le journal yiddish *Eynikayt* et les dernières écoles juives. Les leaders culturels et les écrivains juifs, y compris les communistes ardents comme Itzik Fefer, ont été arrêtés puis exécutés.

Cette politique antisémite s'est intensifiée au début des années cinquante et a culminé en 1953, l'année de la mort de Staline. En 1951 et 1952, il y a eu une purge générale des Juifs dans les sciences, la technologie, les professions libérales, l'université, les arts et l'armée. Le 13 janvier 1953, l'agence de presse soviétique Tass a annoncé l'infâme « complot des blouses blanches ». Un groupe de médecins, juifs pour la plupart, a été accusé d'espionnage et de complot d'assassinat du personnel gouvernemental et des officiels du Parti. La presse les a appelés les « médecins-saboteurs », mais ils étaient en fait tous innocents.

Telle était la toile de fond de ma remise de diplôme à l'École Souvorov. Ce jour fatidique de juin 1951, tout le monde sauf moi s'est aligné pour prêter le serment militaire. Je n'y ai pas été autorisé. En dépit du fait que je sortais de l'École Souvorov avec la médaille d'argent (qui était supposée me garantir une place dans l'école d'officiers de mon choix), je n'ai pas eu le droit de prêter serment. Cela a été un choc terrible pour moi et également pour mes proches amis. Ils ont essayé de me consoler avec des mots encourageants, mais ils ne pouvaient rien changer. Je faisais les cent pas dans la cour, enfermé entre ses quatre murs. Je ne savais pas ce que me réservait le sort. Que pourrais-je faire dans le civil ? Poursuivre mes études dans un institut ? Je n'avais pas assez d'argent pour payer les frais d'inscription. Je sentais que mon monde était vide à nouveau.

Après la remise des diplômes, l'école militaire est devenue très calme à mesure que les élèves partaient pour leurs vacances d'été ou pour rejoindre le lieu de leurs études supérieures ou de leur service militaire. Mais je me retrouvais seul à l'école et l'administration ne savait pas quoi faire de moi. Ils attendaient probablement de recevoir des ordres venus d'en haut. C'était comme si je me retrouvais à nouveau orphelin. De sombres pensées envahissaient mon esprit, mais mon instinct de survie a été le plus fort. Finalement, les autorités ont décidé de ce qu'elles allaient faire de moi et j'ai été autorisé à prêter serment le 26 septembre 1951. Je devais poursuivre mes études et faire mon service à l'École militaire d'infanterie de Kiev – un poste beaucoup moins prestigieux que celui que j'aurais choisi.

J'ai quitté l'École militaire Souvorov avec des sentiments partagés. D'une part, j'étais reconnaissant envers mes professeurs, envers mes amis qui croyaient en moi et envers le foyer que l'École m'avait procuré. D'autre part, j'éprouvais un lourd sentiment d'injustice. Je comprends maintenant que ma frustration aurait dû s'adresser à tous les systèmes dictatoriaux dirigés par des fous et soutenus par des profiteurs cupides. D'abord Hitler et maintenant Staline. C'était la deuxième fois de ma vie que j'étais témoin d'un effort systématique pour persécuter mon peuple.

Ma carrière militaire

En septembre 1951, à l'âge de 19 ans, j'ai dit adieu à regret à l'École Souvorov où j'avais passé ma jeunesse et qui me laissait de bons souvenirs. J'étais amer de devoir partir pour Kiev parce qu'on m'avait nommé dans une école militaire d'infanterie très inférieure à l'avenir prestigieux pour lequel j'avais travaillé si dur. Ma nouvelle école était située dans une petite rue pavée du nom de Kerosennaya et la caserne était sur une colline. Une fois de plus, je voyais ma liberté restreinte et délimitée par des barrières, des postes de garde entre autres obstacles. On m'a assigné à une compagnie constituée de diplômés des Écoles Souvorov venus de tout le pays. Le major Tchoutchmansky, commandant de la compagnie, était de taille moyenne, avec un air sérieux. Comme nous étions tous d'anciens cadets Souvorov, nous avons tous fait rapidement connaissance. Trois de mes camarades de Voronej étaient eux aussi à Kiev : Valérian Golyaguine, Ievguéni (Jénya) Tchistiakov et Igor Ryabkhov.

Le cycle d'études ici était court, deux ans seulement. Mais ces deux années (de 1951 à 1953) ont été celles où la vague d'antisémitisme a culminé en Union soviétique. Il y a eu des incidents à Podol (un vieux quartier de Kiev) durant lesquels des Juifs ont été jetés hors des tramways et parfois battus. Les journaux étaient remplis de calomnies sur les médecins juifs, à cause du prétendu « complot des blouses blanches ». C'est dans cette atmosphère que j'ai essayé de parfaire mon éducation militaire et de me préparer à être officier. De façon peut-être significative, je ne ressentais aucune hostilité ou méfiance chez mes camarades de classe. À leurs yeux je n'étais que leur camarade de la Souvorov. J'étais un élève studieux qui se montrait à la hauteur des autres en classe, durant les exercices militaires et les marches forcées.

Toutes les fins de semaine, nous avions une permission pour sortir en ville. Notre désir de quitter le campus et de nous mêler à la population était très fort. Nous nous retrouvions régulièrement dans le sous-sol de la maison des parents de Fred Zolotkovsky, près de l'historique Porte d'or de Kiev[1]. Le père de Fred, Munus Sémyonovitch, et sa mère, Sofa, avaient aussi deux filles, Marina et Janna, qui vivaient avec eux. Munus était un major à la retraite, ancien combattant de la Deuxième Guerre mondiale, dont les traits les plus marquants étaient la sagesse, l'humour et la joie de vivre. C'était notre ami et notre conseiller. Sofa était une épouse dévouée, avec le cœur chaleureux d'une mère juive. Elle s'assurait que nous avions assez à manger. Leur maison était un havre de liberté pour tous ceux de la Souvorov qui se présentaient.

Ce chapitre de ma vie n'a rien de remarquable, empli des manœuvres et des routines propres à la vie militaire. Pour nous, anciens de Souvorov, les cours étaient très faciles, voire rudimentaires. Notre groupe maîtrisa plus vite que les autres les bases de l'entraînement militaire. Notre entraînement à Kiev se concentrait particulièrement sur les exercices physiques, mais aussi sur les études tactiques et sur l'armement nouveau. La mitrailleuse Kalashnikov AK-47 venait juste d'être mise au point et avant de pouvoir y toucher, on

---

1   La Porte d'or de Kiev était l'une des trois portes de la ville construites au milieu du XIe siècle. Elle aurait été copiée sur la Porte d'or de Constantinople, dont on lui a donné le nom. La porte originale est tombée en ruines mais elle a été déblayée et reconstruite au XIXe siècle.

nous a fait jurer de garder nos connaissances absolument secrètes. Lors des entraînements au tir, on nous demandait des comptes pour chaque balle et pour chaque douille. Parfois, après l'entraînement, il nous fallait sortir dans le champ avec des torches pour faire fondre la neige et la glace et retrouver les balles manquantes.

Mon séjour à l'École d'infanterie de Kiev a passé vite et, une fois de plus, nous nous sommes retrouvés prêts à recevoir nos diplômes et à être incorporés dans notre premier grade militaire, celui de lieutenant. Comme le grand jour approchait, notre groupe de diplômés de Souvorov a décidé d'organiser une réunion des anciens de Souvorov à Voronej. Nous avons fait une carte de tous les endroits où nos camarades de classe étaient allés poursuivre leur formation et nous avons préparé la fête et distribué des feuillets annonçant la réunion à Voronej, dont la date avait été choisie pour coïncider avec la remise des diplômes de la nouvelle promotion de l'École militaire Souvorov en septembre 1953.

J'avais été affecté à une autre division mais toujours dans le district militaire de Kiev et j'étais stationné dans la ville de Lubny, dans la région de Poltava[2]. Avant de nous rendre là-bas, cependant, nous avons obtenu une permission prolongée pour pouvoir retourner à Voronej. Valérian (Valéra) Golyaguine et moi avons organisé une réunion avec quelques anciens de Souvorov, dont Igor Ryabkov, dans le parc Petrovsky, à Voronej, pour discuter des détails de notre réunion. De nombreux jeunes officiers sont venus. La plupart avaient réussi à se joindre à nous parce qu'ils venaient de recevoir leur première solde. La réunion a été très intéressante parce que nous avons été rejoints non seulement par les membres de notre promotion, mais aussi par des anciens plus âgés, qui étaient maintenant des officiers expérimentés.

---

2 Lubny est une vieille ville ukrainienne, située à environ 180 kilomètres de Kiev.

Quand les membres de l'administration de l'école ont entendu parler de cette réunion massive organisée par les élèves, ils nous ont convoqués, Valéra et moi, et nous ont reproché de ne pas les avoir informés à l'avance et de ne pas être venus directement à l'école (notre ancienne résidence), au lieu d'aller dans des hôtels ou chez des gens. Tous les anciens élèves venus pour la réunion ont reçu l'ordre de se présenter immédiatement à l'école militaire. Des lits avec des draps blancs comme neige avaient été mis dans le gymnase où de jeunes cadets montaient la garde pour nous.

Cette réunion a démontré que les liens amicaux s'étaient transformés en liens fraternels et ces réunions sont devenues un événement annuel. Nous mûrissions, gagnant plus d'expérience militaire et civile. L'amitié et les souvenirs de nos bons professeurs emplissaient nos âmes, les âmes d'orphelins de guerre. La réunion a été très émouvante pour nous, pour les cadets, pour les professeurs et, bien sûr, pour nos anciennes petites amies, très impatientes de nous revoir. Nous avons partagé nos histoires, nos souvenirs, nos opinions sur diverses choses.

Nous avons aussi écouté les histoires de ceux qui avaient aidé à entraîner et équiper les troupes d'Égypte et de Syrie[3]. Je m'y intéressais de près parce que j'avais appris de ma tante Roza que mes frères Nathan et Samuel vivaient en Israël. Je dois dire que j'ai entendu des avis objectifs sur les compétences et les capacités des militaires arabes et j'ai entendu également de nombreuses histoires sur l'entraîne-

---

3 Au milieu des années cinquante, l'URSS a signé des accords de coopération militaire et économique avec l'Égypte et la Syrie. Ces accords prévoyaient l'envoi de conseillers militaires, d'armes et d'aide économique. En échange, l'Égypte et la Syrie refusaient de soutenir les politiques britannique et américaine au Moyen-Orient, tout particulièrement le pacte de Bagdad qui prévoyait une alliance de plusieurs États de la région avec les États-Unis et la Grande-Bretagne.

ment des armées israéliennes. J'avais hâte d'en apprendre davantage sur cette partie du monde.

Comme prévu, la réunion a coïncidé avec la remise des diplômes de la promotion 1953 de l'École militaire Souvorov. Les tables avaient été installées dans la cafétéria de manière à former le caractère cyrillique П (qui correspond à la lettre P). L'administration était assise d'un côté et les élèves de la promotion sortante de l'autre. Les anciens élèves et les professeurs se partageaient le troisième côté. J'étais assis à côté de notre professeur de chimie et de trois de mes meilleurs amis, Novik, Valéra et Boris.

Arsik Kolumbov a été le premier à proposer un toast. Comme l'alcool était officiellement interdit à l'école militaire, Kolumbov a porté son toast avec une boisson non-alcoolisée. Notre ancien professeur de chimie, cependant, a soutenu qu'historiquement, les officiers ne célébraient rien sans une boisson sérieuse. En conséquence, on a donné discrètement l'ordre aux serveuses d'apporter des bouteilles d'alcool à condition de ne pas en servir aux jeunes cadets.

Après le banquet, il y a eu un concert et un bal, mais ce n'était pas la fin de la célébration. Le lendemain, elle s'est poursuivie au restaurant. Nous avons invité nos professeurs et nos mentors, mais pas les administrateurs. La réunion a viré à une bagarre d'ivrognes et j'ai été arrêté par la police militaire de Voronej pour avoir été l'« organisateur d'une beuverie de groupe ». Décoré de cette étiquette, je suis allé à Lubny rejoindre mon nouveau régiment, où la vie hautement organisée m'a promptement ramené à la discipline militaire. J'ai été nommé à la tête d'une compagnie, puis on m'a vite muté dans un camp d'entraînement de tir. Je dois avouer que les jours passaient dans un ennui mortel et que tous les soirs, les officiers supérieurs buvaient de la vodka de contrebande qu'ils achetaient dans les villages des environs.

La vie à Lubny était ennuyeuse et morne. Les jeunes officiers allaient dans les bals du club des officiers et parfois à des soirées privées que des filles organisaient chez elles. Mon objectif était de

poursuivre mes études, d'obtenir un diplôme d'ingénieur et je saisis-
sais toutes les occasions que je trouvais pour poser ma candidature
auprès d'une académie militaire. Obtenir des qualifications supplémentaires était la seule façon pour moi de rattraper ce que j'avais
perdu quand on m'avait refusé un poste plus prestigieux lors de la
remise des diplômes de l'École Souvorov. Ma première tentative
a été auprès de l'Académie de communications de Leningrad. J'ai
passé les examens écrits à Kiev et j'ai été reçu, de même que mon
camarade Igor Ryabkov. Mais une fois de plus, on m'a refusé l'entrée
dans l'académie, sans explications.

Je peux vous assurer maintenant qu'une seule chose a influencé
l'administration en ma défaveur et s'est opposée à mon admission :
le cinquième paragraphe de mon passeport soviétique qui m'identi-
fiait comme Juif[4]. En dépit de cet échec, j'ai réussi à garder le moral
et j'ai continué mon service.

Peu après, à l'automne 1954, j'ai été muté au 51e régiment d'infanterie motorisée, dans la ville de Kandalakcha[5], dans le district
militaire du pôle Nord, commandé par le colonel Kobetz. Ma vie
militaire s'est poursuivie là-bas sans changement sinon l'importante
différence de climat. L'été, si loin au nord, est la saison des « nuits

---

4   En Union soviétique, chaque personne de plus de 16 ans devait posséder
un « passeport » interne. En plus des informations personnelles telles que
le nom et la date de naissance, chaque passeport interne délivré après 1936
incluait le « cinquième paragraphe » déclarant la « nationalité » du
porteur. Définie par l'U R S S, elle pouvait être russe, ukrainienne, kazakh,
estonienne, etc. – ou juive (en russe, *Yevrei*). L'information de ce cinquième
paragraphe était souvent utilisée pour soumettre les Juifs soviétiques à la
discrimination.

5   La ville de Kandalakcha est établie au fond du golfe de Kandalakcha sur les
bords de la mer Blanche, à 72 kilomètres au nord du cercle polaire arctique.
Elle se situe à 885 kilomètres environ de Leningrad (aujourd'hui appelée
Saint-Pétersbourg).

blanches », comme on les appelait, où le jour est permanent pendant six mois. La seule indication que le soir tombe est lorsque le soleil brillant baisse un peu à l'horizon. Puis vient la nuit polaire et l'obscurité dure six mois.

Cette partie du pays était connue pour sa proximité avec le pôle Nord – et, en Russe, nous l'appelons *Zapolarie*, ce qui signifie simplement « près du pôle ». Historiquement, beaucoup de prisons ont été construites dans la ville et les prisonniers, y compris de nombreuses femmes, ont construit la grande centrale électrique Niva-3 sur la Niva, qui se termine à Kandalakcha. Les prisonniers vivaient dans des baraques et des wagons de chemin de fer alignés les uns à côté des autres avec un puissant lampadaire près de chaque bâtiment.

Une autre particularité de l'endroit était la grande quantité de saumons qu'on pouvait attraper, généralement bloqués dans les canaux pendant la saison de frai. Bien que cette ville militaire soit isolée, elle avait son centre culturel, le club des officiers où étaient organisées des activités variées. Chose intéressante, il y avait un assez large contingent de Juifs dans cette région austère et sinistre du globe. Parmi les officiers, il y avait entre autres des médecins, des musiciens, des démineurs. J'ai passé plus de trois ans dans cette toundra de marais verdâtres et de petites collines pierreuses. Dans ces dures conditions, j'ai appris beaucoup de choses sur les aspects positifs et négatifs de la vie, mais je dois admettre que j'ai eu plus de sentiments négatifs que positifs à l'époque.

Même dans cette partie grise et froide du pays cependant, il y a eu un très brillant rayon d'espoir. J'ai rencontré ma future femme dans ce lieu désolé. J'étais à une soirée donnée par nos amis communs, les Polotzkiy et les Katz. Ils m'ont présenté à Marina Zeitlina qui était venue à Kandalakcha comme médecin immédiatement après avoir fini ses études à l'Institut médical de Moscou. Nos rencontres chez Tamara et Alik Polotzkiy ou chez Rimma et Grégory (Grisha) Katz se sont faites de plus en plus fréquentes. Durant ces rencontres, nous nous racontions l'histoire de nos vies et de nos familles. Nous parlions de nos études, et bien sûr, nous discutions souvent de l'antisémitisme. Nos expériences avaient été très différentes, mais notre amitié se renforçait de jour en jour. C'était ma seule consolation dans le Grand Nord.

Tamara Polotzkaya était aussi médecin à l'hôpital de Kandalakcha et son mari, Alik, était officier dans un bataillon de communications spéciales. Nous parlions souvent des parents de Tamara. Son père, Mark Yakovlévitch Tzipin, avait fait la guerre en tant que médecin militaire. Après la guerre, il avait été l'un des accusés dans l'affaire du « complot des blouses blanches ». Il avait été condamné puis gracié. La famille Polotzkiy était merveilleuse et nous avions plaisir à les connaître.

Rimma Katz était aussi médecin et son mari, Grisha, était démineur. Grisha et moi servions dans la même division et participions à de nombreuses manœuvres et exercices ensemble. Pendant presque deux ans, l'été, nous avons accompli la tâche essentielle de nettoyer les champs de mines le long de la frontière avec la Finlande[6]. Nettoyer les champs de mines était très ennuyeux, routinier – et également dangereux. Tandis que notre régiment accomplissait ce travail risqué, nous étions stationnés dans les régions occupées par les forces allemandes durant la Deuxième Guerre mondiale et notre bataillon était logé dans les anciennes baraques des soldats nazis.

Une fois de plus, j'ai vu des soldats et des officiers tués et blessés. J'ai eu la chance qu'il n'y ait pas eu de victimes dans mon régiment. J'ai reçu l'ordre d'escorter les corps des soldats morts au cimetière régional de *Zapolarie*. Pour ce faire, nous devions souvent traverser en bateau les nombreux lacs environnants. Quel sinistre

_____

6   Quand les Allemands se sont retirés de la Finlande occupée à la fin de la Deuxième Guerre mondiale, ils ont laissé derrière eux plus de 200 000 mines le long de la frontière finno-soviétique.

paradoxe ! Nous voilà à escorter un cercueil en bateau, entourés par des paysages à vous couper le souffle, d'une beauté saisissante. Nous naviguions entre de petites îles parfaitement rondes, boisées de bouleaux. Les poissons sautaient hors de l'eau et brillaient dans la lumière du vif soleil froid. Au milieu d'une telle beauté et d'un tel silence, il était impossible de croire à la mort, même en sa présence.

En été, il y avait des légions de moustiques qui arrivaient en nuages de petits insectes durant la journée et bourdonnaient le soir en agaçantes symphonies. Ces insectes nous piquaient constamment les jambes. Dans ces conditions difficiles, on nous a soumis à de nouveaux standards d'entraînement instaurés par le ministre de la Défense, le maréchal Joukov. Je me souviens tout particulièrement des exercices d'hiver pendant lesquels il nous fallait dormir dans des cavernes creusées à même la neige par les soldats. Il faisait si froid que parfois nous allumions un feu à l'intérieur de ces trous et les parois ne fondaient pas. Quiconque a servi dans l'armée sait ce que sont les manœuvres tactiques – imaginez maintenant qu'elles aient lieu au-delà du cercle polaire, en hiver ! C'était un test de volonté, de caractère, destiné à nous préparer aux missions les plus difficiles.

J'ai subi ce genre d'épreuve immédiatement après mon arrivée à Kandalakcha : un marathon de deux jours, 48 heures de ski de fond dans le givre. Nous ne retirions nos skis que durant les brèves pauses et pour dormir dans les talus de neige profonde de *Zapolarie*. Notre groupe de skieurs, en tenue de camouflage blanche, se déplaçait très lentement. J'étais le leader de mon régiment et je devais avancer en tête pour faire les traces. Toutefois, c'était si difficile que nous devions changer de position tous les deux cents mètres. Durant ce long trek, nous avons dû creuser des tranchées, participer à des simulations d'attaques et à des préparations à la guerre chimique. Dès qu'ils entendaient l'ordre de faire une pause, la plupart des soldats s'écroulaient d'épuisement. Nous devions sans cesse procéder à des appels pour nous assurer que personne n'était mort de froid pendant son sommeil. Les manœuvres, qui semblaient interminables, ont finalement touché à leur fin et nous avons reçu l'ordre de regagner notre base. Tout le monde était totalement épuisé et nous brûlions d'impatience de retourner chez nous.

Nos seules occasions de nous amuser se limitaient aux visites chez des amis compréhensifs et à des soirées aux programmes variés du club des officiers. C'est là que j'ai rencontré le chef d'orchestre du district, le major Mikhaïl Aoronovitch Safian, un petit homme corpulent mais très énergique. Quand les gens rencontraient pour la première fois Mikhaïl, ils étaient en général déconcertés par son léger défaut d'élocution et le tic nerveux de sa bouche. Mais il a eu une grande influence sur moi. Il était plein d'énergie, particulièrement quand il dirigeait. C'était un ancien combattant juif, célèbre compositeur et chef d'orchestre dans l'armée, et auteur d'un poème populaire, « Odessa, ville héroïque », mentor de tout un groupe de musiciens distingués. C'était un vrai « Odessite » - natif d'Odessa, port ukrainien sur la mer Noire. Il était fier de sa ville, de son humour, de ses habitants, de la beauté de ses rues et de la pureté de son air marin.

Peu avant de quitter le pays, j'ai revu Safian à Odessa et il a juré qu'il ne quitterait jamais sa ville. Mais l'histoire a prouvé que même pour cet homme extrêmement doué, il n'y avait pas d'avenir en Union soviétique quand on était juif. Bien des années plus tard, je suis tombé sur un article de journal où il était question de ses soixante-quinze ans et j'ai décidé de me mettre à sa recherche. Cette fois, cela s'est fait dans des circonstances bien différentes. Je l'ai retrouvé, de façon inattendue, dans le fameux quartier de Brighton Beach, à New York, qui, par ailleurs, est aussi une ville portuaire[7].

Entre-temps, la morne routine du Grand Nord a renforcé ma

---

7 Brighton Beach est une communauté de Brooklyn, à New York, qui a été baptisée « la petite Odessa » à cause de son importante communauté d'immigrants originaires d'Odessa.

détermination à poursuivre ma formation. J'ai refait une demande pour entrer dans une école d'ingénieurs mais cette fois-ci, j'ai choisi le département de transport automobile de l'Académie militaire de logistique et transport située à Leningrad (aujourd'hui Saint-Pétersbourg). On a refusé ma candidature pour la même raison qu'autrefois : le cinquième paragraphe de mon passeport. Perdant tout espoir, je me suis résigné à continuer mon service.

L'ère Khrouchtchev

Il a fallu d'importants bouleversements politiques avant que des changements n'interviennent dans ma propre situation. Rien ne s'est produit avant la mort de Staline en mars 1953. Quand Nikita Sergueiëvitch Khrouchtchev est arrivé au pouvoir, il a instauré ce qu'on a appelé le « dégel[1] ». Presque immédiatement après la mort de Staline, l'atmosphère du pays a commencé à changer – par exemple, les accusations contre les médecins juifs ont été abandonnées et la purge prévue a été annulée. Tout particulièrement après 1956, quand Khrouchtchev a dénoncé ce qu'il a appelé « les crimes de l'ère stalinienne », le culte de la personnalité de Staline a commencé à s'effacer[2]. La publication d'*Une journée d'Ivan Denissovitch*, de Soljénitsyne, qui raconte la vie quotidienne dans un camp du

---

1 Nikita Krouchtchev a été premier secrétaire du Parti communiste d'Union soviétique de 1953 à 1964. Pour plus d'informations, voir le glossaire.
2 En 1956, Khrouchtchev a fait un rapport spécial au XXᵉ congrès du Parti à Moscou, dans lequel il dénonçait la dictature de Staline et son culte de la personnalité mais maintenait les idéaux du communisme. Le prétendu « discours secret » qui a été vite divulgué dans la presse, a instauré une période de libéralisation de l'URSS. La répression qui était devenue si générale s'est calmée et des millions de prisonniers politiques ont été relâchés.

Goulag, a clairement illustré les changements[3].

Au milieu de ces changements, j'ai décidé de tenter une nouvelle fois ma chance et, pour la troisième fois, j'ai postulé pour continuer mes études. J'ai fait une demande au département de communication militaire de la même Académie militaire de logistique et transport de Leningrad. Cette fois-ci, ma demande a été acceptée, mais, comme l'académie n'admettait que cinq personnes dans le programme, j'ai dû passer l'examen d'entrée. Comme j'étais sorti de l'École Souvorov avec une médaille d'argent, cependant, je n'avais à passer qu'un examen réglementaire en mathématiques.

Quand je suis arrivé à Leningrad pour passer l'examen, je suis tombé sur Jiharévitch, l'ancienne commissaire politique de l'hôpital de campagne. Il s'est avéré qu'après sa démobilisation, elle était venue à Leningrad et avait été nommée doyenne du département d'enseignement à distance de l'Institut d'ingénierie cinématographique de Leningrad. Nos retrouvailles ont été très émouvantes. Elle m'a présenté à son frère, qui était aussi professeur de mathématiques. Il m'a fait passer quelques interrogations et après avoir vérifié mes réponses, il a décidé que j'étais prêt à passer n'importe quel examen de mathématiques. Durant les rencontres suivantes avec cet homme très éduqué, j'en ai appris davantage sur son passé. Il avait combattu sur le front puis avait été fait prisonnier par les Allemands. Il avait survécu et était retourné dans sa ville natale, Leningrad. Là, il avait

---

3 *Une Journée d'Ivan Denissovitch*, roman écrit par Alexandre Soljénitsyne, a été publié pour la première fois en novembre 1962 dans la revue littéraire soviétique *Novy Mir* (Nouveau monde). L'action du roman se situe dans un camp de travail soviétique des années cinquante. Le roman décrit la journée d'un prisonnier ordinaire accusé d'espionnage après son retour d'un camp de prisonniers de guerre en Allemagne et envoyé en Sibérie. La distribution ouverte de ce récit franc sur la répression soviétique a été un événement extraordinaire et sans précédent dans l'histoire de la littérature soviétique.

été arrêté et jeté en prison pour « trahison »[4]. Plus tard, il avait été déclaré « accusé à tort » et avait été amnistié. Il y avait beaucoup de cas analogues.

J'ai réussi mon examen d'entrée et j'ai été admis à l'académie en 1957. Staline disparu, j'allais maintenant pouvoir enfin avancer dans mes études et ma carrière – c'est du moins ce que je croyais. Avant de dire au revoir à mes amis de *Zapolarie*, j'avais décidé que je passerais ma vie entière avec une certaine personne qui avait partagé mes longues journées nordiques, Marina Zeitlina, pour l'appeler par son nom. Elle projetait des vacances dans le Sud, aussi ai-je suggéré qu'elle s'arrête en chemin pour me rendre visite à Leningrad. Elle m'y a retrouvé et, après avoir discuté, nous avons décidé de nous séparer en maintenant le *statu quo*. Elle est partie pour le Sud et je suis resté à Leningrad.

Les préparatifs pour la nouvelle année scolaire commençaient. On m'a assigné une chambre dans une résidence et, après une rencontre avec le directeur du Département des carburants et lubrifiants, j'ai accepté d'être transféré dans ce département. Étudier à l'académie n'était pas facile, mais je vivais mon rêve. Je sentais que

---

4 De nombreux prisonniers de guerre soviétiques sont retournés chez eux après la guerre pour se retrouver arrêtés, emprisonnés et envoyés dans des camps de travaux forcés ou exécutés. Dans la logique implacable de l'URSS stalinienne, ils étaient considérés comme des traîtres parce que « s'ils s'étaient battus avec assez de force », ils n'auraient sûrement pas été faits prisonniers, et une fois faits prisonniers, ils n'avaient pu survivre que parce qu'ils avaient « collaboré ». La véritable raison de cette politique était une peur paranoïaque que tout citoyen soviétique qui avait vécu dans un pays de l'Ouest, même en tant que prisonnier, ait été corrompu par son expérience du capitalisme occidental et puisse, à son retour en URSS, propager le mode de vie occidental ou organiser une agitation en vue d'obtenir des réformes. Beaucoup de ces prisonniers ont été amnistiés et libérés après l'accession au pouvoir de Khrouchtchev et sa dénonciation de Staline.

je ne pourrais survivre dans ce pays où l'antisémitisme était omniprésent et ouvertement pratiqué qu'en réussissant dans mes études. Les études que j'entamais duraient cinq ans et menaient à un diplôme d'ingénierie mécanique militaire : l'équivalent d'un diplôme supérieur d'ingénieur en Amérique du Nord. Pendant ce temps, j'ai rencontré de nombreux étudiants avec lesquels je me suis lié d'amitié. Pour la plupart, ils étaient mariés et avaient déjà des familles établies. J'étais encore célibataire.

J'ai passé mes années à l'académie (de 1957 à 1962) non seulement à étudier, mais aussi à explorer la merveilleuse « cité héroïque » de Leningrad[5]. Les marques et les cicatrices de la cruelle guerre étaient visibles partout. J'ai rencontré certains des citoyens qui avaient survécu au terrible siège de Leningrad. De temps en temps, j'en voyais quelques-uns dans la cafétéria du théâtre Mariinski où j'allais souvent manger un morceau.

Ma résidence était proche, au 2, rue Glinka. Vivant au cœur de la ville, j'allais souvent au musée et au théâtre et j'allais danser le week-end. J'avais beau avoir une multitude d'événements culturels à ma disposition (contrairement à mon lieu de résidence précédent), je me sentais seul et j'avais envie de me fixer. J'ai reçu assez vite une lettre de Marina. Elle s'était rendue à la plage d'Hosta, sur la Mer Noire, au sud du pays. Lors de son voyage de retour à Kandalakcha, elle comptait s'arrêter pour me rendre visite à Leningrad. Peu de temps après, je me promenais avec Marina le long de la perspective Nevski, le boulevard principal de la ville. C'était un jour clair. Le soleil brillait, illuminant de ses rayons les grands monuments du pont

---

5 Le titre honorifique de « cité héroïque » a été décerné à douze villes d'Union soviétique pour l'extraordinaire héroïsme de leurs habitants pendant la Deuxième Guerre mondiale. Leningrad a survécu à 872 jours de siège par les nazis et a subi un million de morts.

Anitchkov[6]. Tandis que nous nous promenions, nous sommes arrivés au populaire café Nord et j'ai proposé que nous entrions pour prendre un café. J'ai demandé Marina en mariage. Elle a accepté !

Nous avons rapidement planifié la cérémonie officielle. Comme nous n'étions pas loin du bureau d'état civil, nous avons décidé de remplir toutes les formalités nécessaires et de nous marier immédiatement, mais on nous a dit qu'il fallait attendre un mois. Nous ne pouvions accepter ce délai, aussi ai-je décidé de voir s'il y avait moyen de contourner la restriction. J'ai apporté une boîte de chocolats pour les employées de l'état civil et j'ai commencé à plaider ma cause pour qu'elles terminent les démarches avant que Marina ne doive retourner travailler dans le Nord. Mes efforts ont été couronnés de succès et nous nous sommes mariés trois jours plus tard, le 30 septembre 1957.

Nous avons célébré notre mariage en achetant une bouteille de champagne et nous sommes allés à l'appartement où Marina séjournait avec des parents. Ils étaient très heureux pour nous et ont même réussi à improviser un dîner de fête. Telle a été la première célébration de notre mariage. Le lendemain, ma femme est partie pour Kandalakcha pour faire ses adieux à la grisaille des terres du Grand Nord avant de revenir à Leningrad et de se consacrer à notre avenir commun. En dépit de la simplicité et de la précipitation de toute l'affaire, je dois dire que notre mariage a été vraiment romantique.

Je me suis alors mis en quête d'un logement. J'ai commencé par aller au Bazar Malkov où les gens postaient des annonces pour des chambres et parfois des appartements entiers à louer. Cela m'a rappelé le célèbre marché alimentaire Privoz, le plus grand d'Odessa.

---

6 Le pont Anitchkov est célèbre pour les impressionnantes statues de bronze placées à ses quatre coins. Ces sculptures, « Les Dompteurs de chevaux », ont été conçues au XIXᵉ siècle par un Russe, le Baron Peter Klodt von Urgensburg.

Tous mes efforts pour trouver une chambre par l'intermédiaire de l'académie se sont avérés futiles parce que les étudiants de dernière année avaient priorité pour le logement. Chercher un appartement dans cette ville était un très long processus, mais je n'étais pas très pressé. Marina et moi avions décidé que nous retournerions ensemble à Moscou pour célébrer notre mariage avec sa famille, prévu pour le mois de février suivant.

Mes vacances approchaient. J'étais très impatient et je m'en réjouissais d'avance. À Moscou, j'ai rencontré pour la deuxième fois les parents de Marina (la première fois avait été pendant les vacances de l'été 1956), mais je n'ai pas pu voir les autres membres de sa famille. Son père, Aaron Grigoriévitch Zeitlin, était un homme solidement bâti, avec un grand front que sa calvitie agrandissait encore. Il était très intelligent, plein de tact. C'était aussi un grand bricoleur, il avait de l'or dans les mains, comme on dit. Il était chimiste de profession, diplômé de l'Institut Mendeleïev. Son enfance s'était déroulée dans le petit village de Seno, près de Vitebsk, en Biélorussie, à mi-chemin entre Minsk et Smolensk. Il venait d'une famille nombreuse et, pour s'assurer que chacun mange à sa faim, il avait travaillé dès l'âge de quatorze ans comme assistant d'un pharmacien. Il avait été élevé dans une famille juive strictement orthodoxe, comme la mienne. Pendant qu'il travaillait à la pharmacie, il est resté fidèle à ses racines juives. Sa langue maternelle était le yiddish. Lui et ses frères ont fini par s'installer à Moscou, où il a épousé Rita Moïséevna Zeitlin – ils portaient le même nom sans être le moins du monde apparentés.

La mère de Marina, Rita Moïséevna, venait elle aussi d'une famille juive pauvre de Melitopol, une petite ville du sud de l'Ukraine. Une fois diplômée du lycée (l'école secondaire), elle était venue s'installer à Moscou, avait étudié à l'École de médecine et était devenue médecin. Au début de la Deuxième Guerre mondiale, Aaron Grigoriévitch avait été mobilisé. Sa famille avait été évacuée de Moscou en juillet 1941 vers Khvalynsk, sur la Volga, dans la région de Saratov. L'évacuation avait été pénible pour la famille de Marina. À sa façon, Marina aussi avait souffert des horreurs et des conséquences de cette terrible guerre. Sa famille n'était pas morte de faim (ce qui était arrivé à beaucoup de ceux qui étaient restés à Moscou), mais Rita Moïséevna avait dû élever seule ses deux enfants tout en travaillant à plein temps comme médecin, en soignant de nombreux enfants malades et en essayant de les sauver.

Notre seconde cérémonie de mariage a eu lieu chez les Zeitlin, rue Bolshaya Filevskaya. Cela a été toute une affaire, typique de cette époque en Union soviétique. Comme il y avait pénurie de nourriture et d'autres produits, tout devait être « trouvé », alors nous improvisions, nous nous arrangions sous le manteau en utilisant nos contacts personnels[7]. Certains patients de ma belle-mère qui travaillaient dans l'industrie alimentaire nous ont aidés à obtenir les victuailles pour le modeste banquet. Quant aux alcools, cela a été la responsabilité de mon beau-père, le fameux chimiste. Il a distillé sa propre liqueur en utilisant ses recettes secrètes.

Une quarantaine de personnes sont venues à ce mariage, surtout la famille de Marina mais aussi mon meilleur ami, Novik, et sa remarquable mère, Tamara Akimova. Il est difficile d'imaginer maintenant comment nous avons pu nous entasser dans ce tout petit appartement. Dieu merci, les gens avec lesquels les parents de Marina partageaient leur logement nous avaient autorisés à utiliser leur par-

---

7 Comme la plupart des citoyens soviétiques, Alex et sa famille devaient se débrouiller avec les pénuries et les complexités bureaucratiques du système économique soviétique. Cela impliquait souvent de recourir au système du marché noir organisé pour les biens et services ordinaires, ou de faire des échanges privés. Pour la survie quotidienne, la plupart des citoyens soviétiques savaient comment naviguer à travers la bureaucratie compliquée et souvent corrompue, ou, comme le dit Alex Levin, comment « trouver » les produits nécessaires.

tie de l'appartement[8]. Ils ont même eu la gentillesse de nous prêter leur chambre à coucher pour notre nuit de noces. C'était aussi romantique que les choses pouvaient l'être à l'époque.

Après ces vacances, nous sommes retournés ensemble à Leningrad et nous avons commencé à chercher activement un appartement et un emploi pour Marina. Grâce à une lettre de recommandation d'un de nos amis de Kandalakcha, nous avons obtenu une pièce dans le sous-sol de la maison d'un officier, sur le campus de l'École supérieure d'artillerie de Leningrad. Nous passions par le poste de contrôle chaque fois que nous rentrions chez nous.

Nos conditions de vie étaient indescriptibles et me rappelaient le sous-sol dans la pièce de Gorki, *Les Bas-Fonds*. Bien sûr, j'avais connu pire quand j'étais enfant, mais ma femme avait bien du mal à s'adapter. Après beaucoup d'efforts, elle a trouvé un poste de pédiatre dans le service de consultations externes de la clinique n°19, dans le quartier de Kirovsky. Je poursuivais mes études militaires et d'ingénierie.

Ainsi a commencé notre vie commune à Leningrad. Mes études et le travail de Marina occupaient l'essentiel de notre temps, mais dans notre temps libre, nous allions au théâtre, au cinéma, au musée. Cela nourrissait notre âme. La vie universitaire se poursuivait sans difficulté. Mes condisciples ne m'intéressaient pas particulièrement. C'étaient essentiellement des officiers venus des quatre coins du pays, qui avaient peu de connaissances en mathématiques et une faible culture générale. En raison de mes excellentes études à l'École militaire Souvorov, j'étais capable de donner des cours particuliers à mes condisciples dans diverses matières. Les semestres filaient. De temps à autres, nous allions en vacances dans la ville méridio-

---

8   La famille de Marina vivait dans un appartement communautaire, partageant les parties communes avec une autre famille. De tels arrangements étaient très courants durant l'ère soviétique, particulièrement dans les grandes villes.

nale d'Eupatoria, au bord de la mer Noire, avec nos amis du Nord, Rimma et Grisha Katz. Ces jours ont été parmi les plus agréables de notre vie commune.

Au fur et à mesure que le temps passait, cependant, j'étais hanté par les souvenirs du ghetto et de la forêt. Je brûlais d'envie de retrouver mes frères Samuel et Nathan ; la séparation d'avec eux m'affligeait profondément. J'avais aussi très envie de revoir ma seule tante, qui vivait à Birobidjan. Mon rêve est enfin devenu réalité en 1960 quand, avec de grandes difficultés, Tante Roza est venue à Leningrad. C'était notre deuxième rencontre. La première avait eu lieu à Moscou, mais Tamara Akimova nous avait constamment tenus à l'œil, essayant de limiter notre communication sous prétexte de veiller à mes intérêts. En fait, Tamara Akimova se considérait comme ma mère adoptive et se montrait possessive envers moi, même vis-à-vis de ma propre tante, la sœur de ma mère. Personne, cependant, n'a surveillé ou supervisé notre seconde rencontre, aussi ai-je pu en apprendre davantage sur l'histoire de ma famille et sur sa propre vie, difficile.

J'ai appris que mes frères Samuel et Nathan étaient tous deux vivants et avaient émigré en Israël juste après la guerre. Tante Roza savait tout cela parce qu'elle avait réussi à maintenir une correspondance sporadique avec les membres de notre famille qui habitaient en Amérique du Sud et étaient eux aussi en relation avec la famille installée en Israël. J'ai également appris pour la première fois les cruautés du régime stalinien envers les Juifs et les autres minorités ethniques, et elle m'a aussi parlé du tristement célèbre *Archipel du Goulag*[9]. Le mari de Roza, journaliste pour la radio, avait été arrêté

---

9 L'expression « Archipel du Goulag » décrit le réseau de camps de travail forcé établis par Staline, surtout en Sibérie et dans le nord et le centre du Kazakhstan. Utilisés pour punir à la fois les dissidents politiques et les criminels, ils sont devenus mondialement connus grâce à la publication, en 1973, du roman d'Alexandre Soljénitsyne *L'Archipel du Goulag*.

et, sous une torture extrême, avait faussement confessé être un espion. Il avait été accusé d'avoir fait exploser une usine. Il avait été envoyé dans un goulag et était revenu dans un tel état qu'il était mort peu après sa libération

Peu après la visite de ma tante, Marina et moi avons connu une grande joie. Notre fille Lena est née le 7 juin 1961. Cela a été un jour de bonheur quoique je n'aie pas pu être aux côtés de Marina pendant la naissance. J'étais pris par mes examens et Marina est allée seule à Moscou pour avoir le bébé. Je me suis senti comblé ce jour-là et aussi investi de grandes responsabilités envers ma famille qui s'agrandissait.

Après avoir étudié pendant cinq ans l'ingénierie et les sciences militaires, ainsi que les matières politiques approuvées par le Parti, j'ai reçu mon diplôme de l'académie en 1962. Pendant mes études à l'académie militaire, durant l'ère de détente instaurée par Khrouchtchev, j'ai enfin eu la permission de m'inscrire au Parti communiste – chose que je n'ai faite que parce que je savais que c'était nécessaire pour obtenir un bon poste. Pour Marina, Lena et moi a commencé une autre période de vagabondage à travers ce grand pays multiethnique. J'ai été muté au district militaire de Zakarpatsky comme commandant en second d'une unité de soutien technique située en bordure de Volodymyr-Volynskyï, une petite ville entre Brest et Lvov, dans l'ouest de l'Ukraine, tout près de la frontière polonaise et non loin de Rokitno. Le commandant de l'unité, le capitaine Iline, était un ancien de mon académie militaire. Notre unité était essentiellement une installation régionale de stockage, responsable de fournir aux troupes tous les carburants et les lubrifiants nécessaires, ainsi que l'alcool pur pour les avions. J'étais responsable des aspects techniques et technologiques du stockage.

Quand je me suis retrouvé en Ukraine occidentale, les souvenirs de mon enfance sont revenus à la surface. Les dialectes et les petites coutumes locales me rappelaient les années merveilleuses et terrifiantes que j'avais passées dans la région. Pourtant, je n'avais pas envie de visiter Rokitno, la ville où j'étais né, où j'avais passé mon enfance, reçu mon éducation juive et surtout où j'avais assisté à tant d'horreurs. Au contraire, j'essayais de refouler mes sentiments et mes émotions. Je consacrais toute mon énergie à mon travail et à ma famille. J'étais fier d'être un officier de l'Armée soviétique et je prenais mes responsabilités très au sérieux. Cependant, même à cette époque, je ne pouvais m'empêcher d'être déçu de faire un travail qui n'utilisait rien de ce que j'avais acquis au prix de tant d'efforts à l'École militaire Souvorov.

Intrigues et complots

Étant donné les tensions qui dominaient la guerre froide, peut-être n'aurions-nous pas dû être surpris quand la fragile tranquillité de nos vies privées a été bouleversée par un événement international majeur, la crise de Cuba de 1962[1]. Tandis que grandissait l'anxiété sur la possibilité d'une guerre avec les États-Unis, notre district a commencé à mobiliser de nombreux hommes et notre unité recevait chaque jour de nouvelles recrues. Nous nous entraînions maintenant afin d'être prêts à construire un pipeline pour fournir du pétrole à nos troupes. Un vent de panique soufflait dans les rues, avec des femmes et des enfants en pleurs faisant leurs adieux aux hommes qui partaient à l'armée, mais nous avions peu d'informations sur ce qui se passait exactement. Cela me rappelait le début de la Deuxième Guerre mondiale. Certaines des unités de ma division ont été envoyées en Pologne et en Allemagne, mais mon unité est

---

[1] La crise de Cuba d'octobre 1962 a été l'une des confrontations majeures de la guerre froide qui opposait l'Union soviétique aux États-Unis. La crise avait pour origine les missiles que l'URSS avait basés à Cuba. On considère généralement que c'est le moment où les deux superpuissances ont été le plus proches d'une guerre nucléaire. Pour plus d'informations, voir le glossaire.

restée en poste. Puis, grâce à la persistance et à l'habileté du président des États-Unis, John. F. Kennedy, cette période de tension et d'incertitude extrêmes a pris fin.

En dépit des bouleversements sur la scène mondiale, la vie dans la petite ville de Volodymyr-Volynskyï était très monotone et ennuyeuse. Mon travail de stockage militaire était routinier. Marina travaillait comme médecin dans un petit hôpital et Lena allait au jardin d'enfants une partie de la journée. Pour Marina et moi, ma période de service dans cette ville consistait surtout en affaires militaires (comme par exemple « trouver » des vivres, du bois et du charbon de chauffage, en faisant des échanges et en contournant les restrictions et les pénuries) et en recherches frustrantes pour essayer de trouver une gardienne à qui nous pouvions faire confiance pour Lena. Il était très difficile de trouver des gardiennes qui ne soient pas alcooliques ou dérangées, c'était notre réalité. Le père de Marina, Aaron Grigoriévitch, nous a beaucoup aidés à élever Lena et ses visites étaient de vraies vacances pour nous. C'était un plaisir de passer du temps en compagnie de cet homme intelligent. Il y avait des jours où nous allions dans la forêt cueillir des champignons. Il y avait tant de champignons blancs que même sans ses lunettes Aaron Grigoriévitch était capable d'en ramasser un grand seau. Ces excursions me rappelaient le temps où nous essayions de survivre dans la forêt en mangeant ces champignons abondants.

Volodymyr-Volynskyï se trouvait avoir été l'une des premières localités à accueillir les Juifs qui avaient fui en Europe de l'Est pour échapper à l'Inquisition espagnole[2]. Avant la Deuxième Guerre mondiale, sa population était aux deux tiers juive, mais seuls trois

---

2 En 1492, Ferdinand et Isabelle d'Espagne ont décrété que tous les Juifs d'Espagne devaient se convertir au christianisme sous peine d'être expulsés. Beaucoup ont fui en Turquie et en Afrique du Nord, mais certains ont gagné la Russie et la Pologne.

ou quatre Juifs avaient survécu à la guerre. Comme nous habitions là, nous avons rencontré ces quelques rescapés ainsi que les familles d'autres membres juifs du personnel militaire. La vie à l'armée exigeait de la souplesse pour pouvoir s'adapter aux divers types de conditions et à toutes sortes de relations, spécialement pour les Juifs.

Ma vie professionnelle et personnelle se poursuivait sans incident quand soudain, en 1964, tout a été bouleversé : j'ai reçu l'ordre de me présenter chez le capitaine Odarchenko, le chef régional du SMERSH, la branche de contre-espionnage du Comité de sécurité d'État, plus connu sous le nom de KGB[3]. Le SMERSH était la branche responsable de la sécurité militaire. J'étais éberlué par cette convocation parce que j'étais sûr que mon dossier militaire était irréprochable. J'avais reçu l'ordre de me rendre au bureau seul, sans dire à quiconque où j'allais et sans me laisser voir par personne, et ces instructions suffisaient déjà à faire naître en moi un sentiment de peur et d'incertitude.

Lors de ce qui s'est avéré être la première de plusieurs entrevues avec cette horrible organisation soviétique, Odarchenko a nommé plusieurs officiers juifs et m'a demandé si je les connaissais. Il s'est enquis en particulier d'un commandant en second du régiment d'artillerie antiaérienne qui avait été accusé d'avoir perdu une carte secrète pendant un vol d'entraînement. Je n'avais jamais entendu parler de cet officier ni de cette histoire, et c'est ce que je leur ai dit. Après quoi, Odarchenko s'est mis à m'interroger sur l'histoire

---

3 Le Comité à la Sécurité d'État, ou KGB, fonctionnait comme une police secrète pour l'URSS. Cette organisation était connue pour la ruse et la brutalité de ses méthodes de persuasion et d'intimidation, amenant les personnes interrogées à témoigner contre leurs amis ou leurs familles ou à les espionner. SMERSH est un acronyme de SMERt' SHpionam (« mort aux espions »). Pour plus d'informations, voir le glossaire.

de ma famille. Il m'a demandé ce que je savais de mes frères et m'a montré plusieurs photos que je ne reconnaissais pas et que l'on m'a à peine laissé le temps d'entrevoir. Il m'a dit de rentrer chez moi et de « tout » me rappeler. À ce jour, je ne sais pas ce qu'il entendait par là. Il m'a ordonné de revenir le lendemain, une fois la nuit tombée. Quand je suis retourné à la maison, mon seul souci était pour mes frères qui vivaient en Israël et avec qui je n'avais aucun moyen de communiquer. Malgré tout, Odarchenko s'était montré agréable, voire amical pendant la rencontre. Mais je n'avais toujours aucune idée de la raison pour laquelle j'avais été convoqué.

Le lendemain, je me suis rendu dans le bureau du capitaine Odarchenko tard le soir, comme j'en avais reçu l'ordre. Cette fois, ses manières étaient plus agressives et menaçantes. D'abord, il m'a dit de ne rien répéter à personne de notre conversation. Ensuite, il a ordonné à ma femme de se présenter chez lui le lendemain. Pendant notre conversation, je lui ai dit que j'avais eu trois frères, que l'un d'eux avait été tué par les Allemands et que j'avais perdu contact avec les deux autres depuis longtemps. Ma femme a eu une très brève conversation avec lui le lendemain et a signé un papier déclarant qu'elle ne parlerait à personne de nos rencontres avec les agents du SMERSH.

Quelques jours plus tard, on m'a à nouveau convoqué chez Odarchenko. Cette fois, il m'a montré la couverture d'un dossier en cours d'investigation. Le nom sur la couverture n'était pas le mien : c'était NOV, et je me suis aussitôt rendu compte qu'il s'agissait de mon meilleur ami de l'École militaire Soudorov, Novik Sidorov. Après quelques jours, on m'a convoqué une fois de plus chez Odarchenko et cette fois il m'a dit que la femme de mon frère Samuel, Chaya, venait à Moscou et que je devrais aller la voir avec ma famille. Apparemment, les autorités soviétiques la soupçonnaient d'être une espionne israélienne venue me rencontrer parce que j'étais capitaine de l'Armée soviétique. J'avais si peur des conséquences que j'ai essayé d'éviter de rencontrer ma belle-sœur, disant que j'étais malade – ce qui était la vérité parce qu'à ce moment-là, j'avais plus de 39 de fièvre.

En réalité, j'étais complètement déchiré. D'un côté, je comprenais que cette rencontre avec ma belle-sœur ne serait pas privée et que nous ne pourrions pas parler librement. Même sans l'implication du SMERSH de mon côté, comme elle était Israélienne, tous ses mouvements seraient surveillés[4]. D'un autre côté, j'avais vraiment envie de la rencontrer et d'entendre parler de mes frères. Mais surtout, je voulais faire tout mon possible pour me délivrer de la peur constante que le SMERSH revienne gâcher ma vie. Aussi, quand le SMERSH nous a fait parvenir un télégramme disant que les parents de ma femme étaient malades et qu'il était urgent que nous allions à Moscou, j'ai accepté de coopérer. Ce télégramme avait été certifié et signé par le médecin local si bien que même mon supérieur direct, Iline, ne connaissait pas la véritable raison de notre voyage – me fournissant ainsi un motif pour justifier mon absence du travail. Avant notre départ pour Moscou, nous avons aussi reçu une lettre de mes beaux-parents nous disant ce que nous savions déjà : que Chaya venait à Moscou. Ils disaient que Tante Roza leur avait écrit de Birobidjan pour le leur annoncer.

On se serait cru dans un étrange roman policier. Les instructions finales d'Odarchenko étaient de rencontrer un agent du KGB dans le parc d'un quartier appelé Fili dès que nous arriverions à Moscou. Le matin de notre arrivée, j'ai fait ce qu'on m'avait dit et j'ai rencontré un major du KGB. Il m'a ordonné d'écouter attentivement tout ce que dirait Chaya et de le lui répéter mot pour mot. Je devais accepter les livres ou les autres imprimés qu'elle m'offrirait et les lui

---

4 Les étrangers visitant l'URSS à l'époque étaient régulièrement surveillés par la sécurité intérieure ; leurs déplacements étaient généralement contrôlés par l'organisation d'État *Intourist* qui leur assignait d'office un « gardien » qui les accompagnait dans leur voyage.

apporter. Il m'a dit aussi que je ne devais pas porter mon uniforme militaire quand je la rencontrerais. Je lui ai demandé si je pouvais apporter des fleurs et il a répondu : « Affirmatif ».

Chaya était descendue à l'hôtel Cosmos avec son groupe touristique. J'avais la permission d'amener Aaron Grigoriévitch comme interprète yiddish pour cette rencontre émouvante. J'avais à dessein négligé de dire aux autorités que je parlais parfaitement yiddish : cela aurait redoublé leurs soupçons.

Le jour tant attendu est enfin arrivé. J'étais très nerveux. Mon désir de rencontrer cette femme qui était un lien vivant avec mes frères perdus depuis longtemps était mêlé de peur parce que je savais qu'on nous surveillait et que tout pouvait arriver. Comme tout le monde en URSS, je ne savais que trop bien de quoi le KGB était capable. Aaron Grigoriévitch et moi avons acheté un bouquet de fleurs et nous sommes allés à l'hôtel Cosmos où nous avons rencontré Chaya ; puis nous sommes allés nous promener. La rencontre a été très tendue. Notre conversation était traduite du yiddish en russe et vice-versa. Je savais que Chaya voyait la peur dans mes yeux et ne comprenait pas pourquoi. Même aujourd'hui, elle ne peut toujours pas imaginer l'état dans lequel nous mettait le système soviétique, ni comprendre pourquoi je ne pouvais pas tout simplement parler yiddish avec elle. Elle nous a parlé de sa famille et nous a interrogés sur la nôtre. Bien entendu, nous avons fait un grand éloge de la vie en Union soviétique, même si nous n'en pensions pas un mot. Mais c'était un réflexe de survie sous la dictature. La peur ne me quittait pas. Le lendemain, nous avons eu une seconde rencontre au Parc Gorki. Chaya nous a donné des cadeaux que, bien sûr, nous devions rapporter au KGB. Comme lors de notre première rencontre, toutes mes pensées étaient concentrées sur ma peur et l'étrangeté de cette réunion. Je n'avais pas idée de ce qui allait m'arriver.

Quand je suis revenu dans mon unité à Volodymyr-Volynskyï, j'ai dû garder secrète la véritable raison de mon séjour à Moscou, même vis-à-vis de mon supérieur direct. Mais bientôt, j'ai été à nouveau appelé par le SMERSH, cette fois pour une longue interrogation sur ma rencontre à Moscou, menée par le capitaine Odarchenko et plusieurs autres officiers du SMERSH venus de Rovno. La conversation a commencé en douceur, avec des compliments sur mes états de service, mais le ton est progressivement monté. Puis ils sont passés aux menaces et au chantage. Ils exigeaient de savoir la « vérité » sur ma belle-sœur. Je n'avais rien à cacher, la vérité était que Chaya ne m'avait rendu visite que pour une seule raison : me voir et me transmettre le bonjour de mes frères.

Capitaine Odarchenko, vous souvenez-vous de mes visites dans votre bureau, à Volodymyr-Volynskyï ? Et vous, colonel X ? Je n'ai jamais su votre nom. Et vous, ancien chef du SMERSH de la région Luts'k, où êtes-vous ? Vous souvenez-vous de la pression à laquelle vous et votre fidèle équipe m'avez soumis ? Vous souvenez-vous comme vous m'avez menacé et fait chanter pendant mes rencontres forcées ? Vous étiez trois et j'étais seul...

Juste après la visite de Chaya, j'ai connu une période de répit. Pendant un moment, j'ai continué à travailler comme commandant en second de l'unité de soutien technique, mais mon commandant, Iline, a été transféré à un poste d'enseignement dans un département militaire de l'Institut de pétrole et de gaz d'Ivano-Frankovsk, et on m'a demandé de le remplacer. C'était une promotion inattendue parce que, comme tous les Soviétiques qui avaient de la famille à l'étranger, j'étais considéré comme suspect par les autorités et il était inhabituel de placer quelqu'un comme moi à une position d'importance stratégique. J'ai accepté l'offre et, à ce nouveau poste, j'ai commencé à superviser toutes les précieuses fournitures militaires que nous gardions en stock.

J'avais mon assistant personnel, le lieutenant-chef Andrianov, fils d'un militaire de Brest. Andrianov était un homme assez grand, très intelligent et sympathique. Nous avons eu une bonne relation dès le départ. Dans notre unité, nous avions aussi un lieutenant chargé des informations confidentielles, le sergent-major Medkov, et un chef de laboratoire, ainsi que du personnel civil qui comprenait des surveillants de stocks, des assistants de laboratoire, des ouvriers, des chauffeurs, un maître-chien et toute une équipe de pompiers.

Je travaillais dur pour m'assurer que mon stockage était le meilleur de la division et j'y ai réussi. Je réclamais de la discipline de chacun, mais je faisais aussi tous mes efforts pour rendre notre territoire et les environs plus beaux et plus agréables. Pour la première fois, je me suis lancé dans la construction et j'ai entrepris de bâtir un garage souterrain pour les véhicules gardés en réserve en cas de mobilisation d'urgence. Tous les projets de construction en URSS rencontraient des obstacles à l'époque (principalement par manque de matériaux) et, une fois de plus, j'ai dû avoir recours à ma débrouillardise pour « trouver » ce dont nous avions besoin. J'ai réussi à terminer le garage.

Durant son inspection annuelle, l'administration du district militaire de Zakarpatsky a remarqué combien j'avais transformé la façon d'organiser et d'opérer au sein de mon unité de stockage militaire et a reconnu que mon système de fourniture de pétrole était amélioré. Au fur et à mesure que le temps passait, j'ai gagné le respect des responsables de la division et du district. Et pourtant, je ne pouvais m'empêcher de me demander pourquoi j'avais été promu à un poste de lieutenant-colonel alors que je n'étais que capitaine, et pourquoi j'y étais maintenu depuis huit ans. C'était inouï !

Bien que mon travail ait été un peu ennuyeux, j'avais une bonne relation avec mon personnel. Mon assistant et moi allions souvent pêcher, nous passions les fêtes ensemble et, une fois, je suis allé rendre visite à ses parents à Brest. Nous avons engagé Natasha, une jeune femme formée comme technicienne, comme assistante de laboratoire et il n'a pas fallu longtemps pour qu'Andrianov se mette à fréquenter le laboratoire. Bientôt, Andrianov a eu une liaison avec Natasha tandis que sa femme, Shura, en commençait une avec le second secrétaire du Comité administratif de district du Parti, qui était aussi mon voisin direct. Ces intrigues romantiques ont vite tourné au désastre. Le premier secrétaire du Comité administratif du district a découvert ce qui se passait et m'a convoqué dans son bureau, suggérant qu'Andrianov soit transféré dans une autre unité. Ceci m'a montré que l'administration militaire du district était elle aussi au courant.

Andrianov a de fait été transféré et sa famille est allée vivre dans une autre ville. J'ai entendu dire plus tard qu'il avait réussi à maintenir une liaison à distance avec Natasha. Le transfert d'Andrianov était une grosse perte pour moi. C'était un homme honnête, humain, qui m'avait toujours traité avec respect et m'avait défendu à plusieurs reprises contre les calomnies. Une fois par exemple, alors que j'étais en vacances avec ma famille, une équipe d'un tribunal militaire est venue enquêter sur une accusation d'activité illégale. J'étais accusé de dépenser l'argent du gouvernement et de vendre de l'équipement pour le gaz et le pétrole et d'autres matériaux du stock. J'ai découvert après coup que ces accusations ridicules avaient été faites par un des chauffeurs de la brigade des pompiers, qui était également agent secret du K G B. En mon absence, Andrianov a défendu mon honneur avec intelligence et en apportant toutes les preuves à l'appui.

Il y a eu un autre incident notable qui a impliqué Andrianov et sa maîtresse, la technicienne. Durant la fameuse guerre de Six Jours en Israël⁵, alors que j'étais à nouveau en vacances, la femme du sergent-major Medkov a écrit une lettre ouverte m'accusant, moi, officier de l'Armée soviétique, de lever des fonds pour soutenir Israël et même de communiquer avec les Israéliens en utilisant des

5 La guerre de Six Jours (du 5 au 10 juin 1967) a opposé Israël et les armées d'Égypte, de Jordanie et de Syrie, qui étaient alors alignées avec l'Union soviétique. Pour plus d'informations, voir le glossaire.

radio-transmetteurs de l'État ! Elle a distribué cette lettre en ville et a commencé à recueillir des signatures contre moi. Elle a demandé à Natasha de signer, mais celle-ci a refusé et a immédiatement parlé de la lettre à Andrianov. Il m'a aussitôt appelé et est venu me voir le lendemain. Il m'a raconté la nouvelle autour d'une bouteille de cognac dans un restaurant. J'ai eu des sueurs froides parce que je savais où pouvaient mener de telles accusations. En fait, il se trouve que d'autres personnes ont refusé de signer cette pétition contre moi et se sont irritées contre mon accusatrice; sa campagne contre moi n'a mené nulle part. Cependant, de telles accusations me tenaient sur mes gardes, prêt à faire face à toutes les attaques, toutes les conséquences. Dans cette atmosphère, tout ce que je pouvais faire était de maintenir mes standards élevés au travail et d'essayer de rester calme.

Si étrange que cela puisse paraître, c'est pendant la guerre de Six Jours que j'ai été finalement promu au grade de major, après un délai de huit ans. Trois autres officiers qui supervisaient d'autres installations de stockage de carburant et de lubrifiants ont été également promus. Par une autre bizarrerie du sort, la nouvelle a été annoncée à une session de formation pour tous les officiers du district en situation de commandement, session concentrée sur l'analyse des résultats de la guerre de Six Jours. Les conférenciers analysaient les forces militaires et la tactique des Israéliens et des Égyptiens. Les ressources militaires et matérielles des Égyptiens étaient jugées nettement supérieures à celles d'Israël, mais la tactique d'Israël était considérée comme meilleure. Israël avait mobilisé ses troupes beaucoup plus vite que notre district pendant les exercices d'alerte.

Quand mes collègues de la session d'entraînement ont reçu la nouvelle des promotions, nous avons décidé de célébrer dans la tradition militaire les étoiles supplémentaires des quatre officiers promus. Cette tradition s'appelle « laver les étoiles » parce que les nouvelles étoiles de l'épaulette sont placées au fond d'un grand verre plein de vodka et l'officier doit tout boire cul sec pour avoir ses étoiles. J'étais juste sur le point de boire ma vodka quand on m'a dit, ce qui m'a surpris et consterné, que mon nouveau grade n'avait pas été approuvé. Aucune explication ne m'a été fournie. À ce moment précis, je me suis rendu compte que ma carrière militaire n'irait nulle part.

Je suis retourné dans mon unité, conscient que mon destin avait été décidé et qu'il était entre les mains du KGB. Après cela, les choses sont allées vite. Sans aucune explication, j'ai reçu l'ordre de me présenter au quartier général du district pour rencontrer le directeur des ressources humaines, le général-major Usov. Notre conversation n'a pas été amicale – à brûle-pourpoint, il m'a demandé l'âge de mes parents et quand je lui ai dit que je ne savais pas exactement, il a hurlé, en disant que même sa petite-fille de trois ans connaissait la date d'anniversaire de son grand-père. J'ai pensé que j'allais me retrouver en Mongolie[6].

Peu après mon retour dans mon unité, j'ai été convoqué à une autre réunion au quartier général du district, cette fois pour rencontrer le chef des carburants et des lubrifiants. Une fois de plus, l'objectif de la réunion n'avait pas été expliqué au préalable. Cette fois, la conversation a commencé par des questions sur l'histoire de ma famille, après quoi, on m'a reproché de cacher le fait que j'avais des frères qui vivaient en Israël. Peu de temps après, un autre officier est entré et a reçu l'ordre de me raccompagner à Volodymyr-Volynskyï, où il devait prendre la direction de l'unité. La passation de pouvoir de l'unité, y compris celle des matériels et de la documentation, s'est faite dans la précipitation, contrevenant à toutes les règles du pro-

---

6 La Mongolie, située entre la Chine et l'URSS, était à l'époque un satellite de l'Union soviétique et être muté dans son climat inhospitalier servait souvent de sanction contre les officiers et les membres du Parti qu'on punissait, réprimandait ou simplement éloignait des postes importants ou stratégiques.

tocole, ainsi qu'aux règles de procédure concernant la passation de documents secrets. La procédure normale était de constituer un comité de passation. Mais pas cette fois. Toute l'affaire s'est faite en trois jours. J'ai été rendu à la vie civile avec les honneurs sur la base d'un licenciement de personnel planifié et je suis allé m'inscrire auprès du comité militaire local en tant que retraité. Pour la première fois de ma vie d'adulte, j'étais un civil.

Un chapitre nouveau et difficile de ma vie

On était maintenant en décembre 1967 et un chapitre nouveau et non familier de ma vie allait commencer. Marina et moi avons décidé de demeurer à Volodymyr-Volynskyï où tout le monde me connaissait bien, mais je ne savais pas ce que j'allais faire. Peu de temps après, on m'a offert un poste d'ingénieur en chef dans une briqueterie, mais comme je savais que les trois ingénieurs en chef précédents avaient été envoyés en prison pour avoir prétendument volé la propriété de l'État, j'avais bien évidemment peur d'accepter. Néanmoins, j'ai accepté et j'ai commencé à apprendre les tenants et les aboutissants de ce domaine nouveau pour moi. La majorité des ouvriers étaient des Ukrainiens de l'ouest. Ils se rappelaient encore la vie dans la Pologne capitaliste d'avant-guerre et je comprenais très bien leur mentalité.

Le directeur de la fabrique était un colonel à la retraite qui avait été commandant d'un régiment antiaérien. Il m'a accueilli chaleureusement quand il s'est aperçu que j'étais ingénieur en mécanique et que je m'y connaissais en machinerie lourde. Je n'ai pas mis longtemps à apprendre mon nouveau travail et à devenir spécialiste de production de briques. C'était un processus très rapide. Nous utilisions des chevaux et des wagons pour tirer directement hors du four les briques chaudes, puis nous les séchions à l'air libre sous le soleil. Nous supervisions d'autres petites fabriques qui produisaient de la chaux[1] et des briques. Le directeur et moi faisions des tournées pour les inspecter. Ces visites se terminaient toujours par des beuveries. Je savais que ce poste était une impasse pour moi et ne serait que temporaire, mais il me fallait attendre avant d'agir. Une nouveauté intéressante a été que j'ai rencontré des travailleurs qui refusaient de travailler pendant les fêtes religieuses, défiant les instructions pourtant très claires de l'administration régionale du Parti. Je n'avais jamais rien vu de tel – sûrement pas à l'armée !

Au début du printemps 1968, Marina et moi avons décidé de retourner vivre à Moscou et, si étrange que cela puisse paraître, ce projet apparemment banal a affecté notre statut marital. À l'époque, l'URSS avait de nombreuses lois compliquées et paradoxales, dont certaines concernaient la résidence. Par exemple, selon la loi soviétique, une personne qui était née à un endroit mais était allée s'installer ailleurs pouvait se voir interdire de retourner dans son lieu d'origine, particulièrement si ce lieu était une des grandes villes du pays. Nous nous sommes heurtés à cette interdiction quand nous avons voulu retourner à Moscou. Mais nous avons découvert que si Marina était une mère célibataire, elle avait le droit d'emmener notre fille (Lena avait maintenant près de sept ans) vivre avec ses parents à Moscou. Aussi et seulement parce que nous voulions vivre ailleurs, nous avons décidé de divorcer. Le plan était que je resterais à Volodymyr-Volynskyï jusqu'à ce que Marina soit à nouveau inscrite comme résidente de Moscou, puis j'irais la rejoindre et nous nous remarierions.

La période a été très éprouvante pour nous mais, à la fin, nous avons réussi. J'ai continué à travailler à la briqueterie de Volodymyr-Volynskyï, comptant les jours jusqu'à ce que ma femme me dise que je pouvais venir. Dès que j'ai su que Marina était inscrite officielle-

---

1 L'hydroxyde de calcium, mélange de chaux et d'eau qu'on utilisait comme mortier.

ment comme résidente de Moscou et avait commencé à travailler, j'ai démissionné et fait mes valises. Le directeur de la briqueterie savait que je partirais tôt ou tard. Il comprenait que ce poste sans avenir, loin de tout, n'était pas pour moi et que je méritais mieux.

En me mettant en route pour Moscou en mai 1968, je me retrouvais face à de nombreuses incertitudes : je n'avais pas d'emploi et je ne pourrais en chercher qu'une fois que j'aurais été inscrit comme résident, ce que je ne pouvais obtenir qu'en épousant une Moscovite. Puis il me faudrait encore soudoyer les employés de l'état civil pour l'obtenir – ou du moins, pour l'obtenir assez vite. Ainsi, pour pouvoir m'installer dans une autre ville, j'ai épousé la même femme deux fois – la première fois en 1957, la seconde en 1968.

Le chapitre suivant de ma saga, qui a duré trois mois, a été ma recherche d'un emploi à Moscou. Cette recherche était compliquée par le fait que la plupart des formulaires de candidature contenaient maintenant une question demandant si on avait de la famille vivant à l'étranger ; il me faudrait trouver un employeur qui ne me poserait pas de question à ce sujet. J'ai fini par en trouver un et, en juin 1968, on m'a offert un poste d'ingénieur en chef au Bureau d'études spéciales (BES) de *TransNeftAvtomatika*, avec un salaire de 120 roubles par mois.

Une autre candidature, envoyée dans le même temps à l'Institut scientifique Neftezavody (raffineries de pétrole), a également été acceptée, mais il s'est trouvé que le secrétaire du Parti communiste de l'Institut, qui était en vacances, n'a pas pu en être informé. Quand il est rentré, il m'a convoqué dans son bureau et m'a dit que ma candidature serait examinée lors d'une réunion spéciale du Parti communiste de l'Institut. J'ai présumé que cela signifiait un refus, et, naturellement, j'avais raison. J'ai décidé d'accepter l'offre de BES *TransNeftAvtomatika* et j'ai commencé à travailler le 20 juin 1968.

À mon nouveau poste, je devais me former dans un domaine entièrement nouveau. Grâce à ma diligence habituelle, j'ai été promu en temps voulu ingénieur chef de projet et, plus tard, directeur-adjoint du Département de standardisation et de fixation des prix. Pour m'aider à m'adapter avec succès à mon nouveau poste, je me suis inscrit en 1970 à des cours par correspondance à l'Institut de standardisation et de métrologie. Une fois mes cours terminés, j'ai commencé à fixer les normes officielles pour la production et l'utilisation de l'équipement pétrolier.

Pendant mon travail au BES, j'ai essayé de garder le profil bas et je n'ai pas aspiré à être promu. Une promotion aurait signifié que j'obtienne une autorisation des services de sécurité, ce qui aurait fait découvrir mon secret, à savoir que j'avais de la famille en Israël. À plusieurs reprises on m'a offert de meilleurs postes, mais, à chaque fois, j'ai trouvé une excuse pour décliner la promotion.

L'une de mes fonctions, au BES, était de diriger ce qu'on appelait des sessions de *Politinformatsiya* pour les jeunes employés membres du *Komsomol*[2] (Ligue de la jeunesse communiste). Cela impliquait généralement de leur parler des événements politiques locaux, nationaux et internationaux. Pendant ces sessions, je me contentais le plus souvent de leur réciter des extraits d'articles de journaux et j'ajoutais un peu d'humour, mais j'évitais les plaisanteries politiques.

Comme je l'ai dit, ma principale fonction consistait à créer diverses normes officielles. Chaque nouvelle norme qui était conforme à la réglementation des nouvelles technologies qualifiait le BES pour des primes financières : de 10 à 350 roubles pour beaucoup de personnes, surtout pour l'ingénieur en chef et le directeur du BES qui touchaient en général la plus grosse prime. Puis l'argent

---

2 Le *Komsomol*, aile du Parti communiste soviétique pour les jeunes de 14 à 28 ans, avait pour fonction de transmettre les valeurs du Parti à ses futurs membres. Les membres du *Komsomol* étaient généralement privilégiés pour l'obtention de bourses et d'emplois, et le fait d'être un jeune officier du *Komsomol* était souvent vu comme un bon moyen de progresser très tôt dans les rangs du Parti.

descendait vers ceux qui avaient vraiment travaillé dur pour créer le nouveau standard. C'était un processus intéressant qui me mettait en contact avec des gens de diverses industries et le processus de revue des standards finissait toujours par un verre pris avec les gens chargés de donner leur approbation. Quand je n'étais pas occupé à développer de nouvelles normes, j'inspectais d'autres usines pour vérifier qu'elles respectaient les normes officielles. Durant ces voyages, j'ai vu de nombreuses situations où les normes étaient enfreintes et, plus souvent encore, des cas de mauvaise gestion intentionnelle et de corruption. Ce genre de conduites était un mode de vie dans le système soviétique.

Au début des années soixante-dix, les Juifs ont commencé à émigrer d'Union soviétique en Israël. Le gouvernement avait beau faire tout son possible pour étouffer la dissidence et refuser d'accorder des visas de sortie aux Juifs soviétiques, les protestations qui allaient croissant en URSS, la pression internationale de plus en plus forte et le début du dégel dans la guerre froide ont contraint l'Union soviétique à entrouvrir la porte. Environ neuf de mes collègues juifs du BES, parmi lesquels des ingénieurs très compétents, sont partis entre 1971 et 1974. En 1974, je savais que le moment était venu de partir pour moi aussi.

Une série d'événements m'ont amené à cette décision, mais le facteur le plus puissant a été l'émotion que j'ai éprouvée en revoyant mon frère. En 1974, après 30 ans de séparation, j'ai finalement retrouvé Samuel quand sa femme Chaya et lui ont quitté le Canada où ils s'étaient installés en 1967 pour venir me rendre visite à Moscou. Ma rencontre précédente avec Chaya, en 1964, avait été compliquée, remplie d'anticipation et de peur. Cette fois, nous pouvions nous rencontrer sans la surveillance du KGB. Nous avons accueilli nos très chers hôtes dans notre foyer de Moscou et nous leur avons rendu visite à leur hôtel, le Savoy Berlin. Ma cousine Victoria, la fille de ma tante Roza, et presque toute la famille de ma femme étaient venues rencontrer Chaya et Samuel.

Obtenir la permission de quitter l'Union soviétique ne serait certainement ni simple, ni rapide. Il y avait des restrictions juridiques sur le dépôt de ma demande parce que j'avais eu accès à des informations secrètes quand j'étais à l'armée : je devais attendre un certain temps avant de pouvoir émigrer. En ce qui me concernait, cependant, le compte à rebours avait commencé au moment où j'avais été expulsé de l'Armée soviétique.

Durant la visite de Samuel et de Chaya en 1974, où que nous soyons, y compris pendant la visite de la place Rouge, nous avons constamment parlé de mon projet d'émigrer. Nous avons passé en revue tous les aspects de cette décision cruciale, mais je butais contre un obstacle de taille : Marina ne voulait pas partir. Le problème entre nous est devenu sérieux. Chaque fois que Sam essayait avec enthousiasme de persuader Marina que Lena et elle devaient venir au Canada avec moi, elle interprétait ce qu'il disait comme de la propagande et sa réaction était si véhémente qu'elle effrayait Sam et Chaya. Non seulement ils ont cessé d'essayer de la convaincre, mais ils ont été blessés, irrités, et ils ont fini par compter les jours avant leur départ.

À partir de ce moment-là, ma vie est devenue une suite de cauchemars. J'étais déterminé à ce que nous partions tous ensemble et j'ai demandé à mon frère Nathan une invitation officielle pour que toute notre famille aille visiter Israël. Il l'a immédiatement envoyée. Maintenant, c'était au tour de Marina de décider « d'emporter ou non un parapluie » (expression russe signifiant qu'elle devait prendre sa décision, quoi qu'il arrive). Comme nous avions une invitation familiale, tout ce que nous avions à faire maintenant était de démarrer toutes les démarches administratives nécessaires. Comme je l'ai dit, le principal obstacle pour moi était qu'il me fallait attendre que ma cote de sécurité militaire ait expiré avant de pouvoir faire ma demande d'émigration. Mais déjà, dès le départ de Samuel et Chaya pour le Canada, Marina m'avait clairement fait comprendre qu'elle n'était pas prête à un bouleversement aussi radical. J'étais sidéré. J'étais convaincu qu'étant donné tout ce qu'elle savait de mon passé et tout ce qui n'allait pas dans notre situation actuelle, ma femme serait contente de partir. Mais je me trompais. Elle cherchait toutes les excuses pour retarder le processus.

Étant donné l'entêtement de ma femme, nous avions des conversations interminables, frustrantes, épuisantes. Cette période a été une des plus cruelles de ma vie parce que j'étais fermement convaincu que je ne pouvais pas rester en Union soviétique, qu'après tout ce que j'avais vécu, ma famille et moi méritions une vie meilleure. Surtout, je voulais pouvoir jouir de la liberté de pensée et d'expression, pouvoir ne pas être étiqueté et traité comme un citoyen de seconde classe, je ne voulais pas être constamment confronté à l'antisémitisme.

Le poids de ces jours, semaines et mois a été écrasant émotionnellement, le stress quasi insoutenable. Marina a fini par prendre sa décision et a refusé de quitter l'Union soviétique, soutenue dans sa décision par ses parents et sa famille. J'étais seul avec ma décision de partir. Les batailles quotidiennes nous ont finalement amenés à considérer l'éventualité d'un divorce. Sans divorce, je n'aurais pas eu la permission de partir. Durant cette période, nous nous disputions chaque jour jusque tard dans la nuit et le matin, je me levais et j'allais prendre mes cours d'anglais. Ce cauchemar a duré plusieurs mois.

Quand Marina a finalement accepté de signer tous les papiers du divorce auprès de la Cour, j'ai pensé que c'en était fini de mes tourments. Je me trompais, une fois de plus. Les termes que l'officier de justice a employés pour caractériser la décision que nous prenions ont fait que Marina a de nouveau changé d'avis et que la comparution devant la Cour a été ajournée de plusieurs mois. Cette dernière complication m'a laissé désespéré et impuissant. Les jours se traînaient, lentement, douloureusement. Toutefois, je restais déterminé à réaliser mon rêve : quitter l'Union soviétique, un pays où il n'y avait ni présent ni avenir pour un survivant de l'Holocauste.

Heureusement, comme tout cela est arrivé durant la période de dégel politique, j'ai eu le droit de continuer à travailler au BES, quoique à un poste inférieur[3]. J'ai été démis de mon poste d'ingénieur en chef du bureau d'études et de chef de secteur et j'étais désormais un simple ingénieur. En dépit de l'atmosphère étouffante à la maison, j'espérais que les miens se décideraient à me suivre. J'avais très peur de ne jamais les revoir s'ils ne venaient pas : le rideau de fer tomberait à jamais entre nous. Pour m'occuper, je me suis enrôlé dans un groupe d'étude de l'anglais. Nous chantions des chansons comme *My Bonnie Lies Over The Ocean*, bien que personne dans notre groupe ne sache exactement qui d'entre nous irait vraiment « *over the ocean* ».

Avec le temps, il y avait de moins en moins de personnes dans notre groupe d'étude. Le groupe réduit est devenu plus intime et nous avons commencé à parler de notre secret commun : que nous avions tous fait une demande, ou projetions d'en faire une, pour émigrer. Nous avons partagé des informations précieuses sur les bureaucrates du Bureau des visas et de l'enregistrement (OVIR). Nous entendions parler de gens à qui la permission d'émigrer avait été refusée, particulièrement des Juifs qui luttaient pour le droit d'émigrer en Israël. Nous n'avions que peu d'informations et celles que nous avions étaient de mauvais augure, ce qui n'était pas encourageant pour ceux d'entre nous dont le dossier était déjà dans le système.

Pour couronner le tout, je me suis mis à avoir des problèmes au travail. Cela a commencé avec ma demande de démission du Parti communiste, ce que je devais faire avant d'avoir le droit de quitter le pays. Durant mon audience au bureau local du Parti, un étudiant de

---

3 À la fin des années soixante-dix, les tensions entre l'URSS et l'Ouest ont commencé à s'apaiser et les contacts diplomatiques et économiques se sont accrus : une période de dégel dans la guerre froide, connue sous le nom de « détente ».

doctorat nommé Zimbler (un Juif, par ailleurs), m'a posé une question piège : « Pourquoi n'avez-vous pas mentionné que vous aviez de la famille à l'étranger quand vous avez posé votre candidature au BES ? » J'ai répondu qu'on ne me l'avait pas demandé : il n'y avait pas de question à ce sujet dans le formulaire. Après une brève discussion, les membres du bureau ont décidé de transmettre mon cas au comité de district du Parti. Une date a été fixée pour une autre audience. Ces journées semblaient durer une éternité.

Le comité de district était composé de vieux politicards du Parti qui s'endormaient régulièrement pendant les réunions et ne posaient pas de questions. Durant mon audience, le premier secrétaire de district du Parti est passé nous voir et, pour une raison mystérieuse, a conclu que je quittais le pays « en mission pour la Mère Patrie ». J'ai réussi à être radié du Parti et j'ai commencé à attendre les nouvelles du Bureau des visas. L'atmosphère au travail, maintenant que tout le monde était au courant, est devenue très difficile. Alexandrov, l'ingénieur en chef du BES, a donné l'ordre au personnel de m'ignorer complètement. Les collègues qui, autrefois, m'avaient témoigné un grand respect me fuyaient comme la peste maintenant.

Le grand jour est enfin arrivé ! Après sept mois d'une attente insupportable, j'avais la permission de quitter le pays où j'avais passé les meilleures années de ma vie – une partie de mon enfance, ma jeunesse et la période où l'on devient un adulte indépendant et responsable, à la tête d'une famille. Je quittais le pays où j'avais découvert l'amour et où était née ma fille unique. J'avais décidé de couper tous ces liens et tous ces souvenirs afin de réaliser mon rêve pour ma famille et pour moi. Je prenais un risque surhumain et je n'étais pas sûr à cent pour cent de l'issue, mais je savais au fond de moi que je devais le faire.

Ces dernières semaines ont été terribles. Je quittais à nouveau la maison mais cette fois volontairement, de mon plein gré, sans interférence extérieure. Oh, parmi vous, qui peut comprendre les cris de mon âme ? Mon cœur se brisait et je me sentais à nouveau orphelin. J'avais envie de hurler, mais il n'y avait personne pour m'entendre. Le monde était sourd et vide et les gens... chacun se préoccupait de ses propres chagrins. Personne n'avait de temps pour les miens.

Les derniers jours avant mon départ, je m'accrochais encore à l'espoir que ma famille viendrait avec moi, mais ce n'est pas arrivé. Finalement, j'ai rempli une petite valise et j'ai quitté la maison, laissant tout derrière moi, tout et tout le monde. Tout, tout, tout... J'ai les larmes aux yeux rien qu'en écrivant ces mots, encore maintenant. Je suis allé à l'aéroport Cheremetievo, à Moscou, avec un sentiment de vide total. Avant d'embarquer, j'ai dit adieu à ma femme et à sa mère, Rita Moïséevna. Je me demandais ce que pensait Rita à ce moment-là. Malheureusement, elle n'a pas vécu assez longtemps pour voir que j'aimais toujours beaucoup sa fille et que je n'avais pas pris ces risques à la légère ou en vain.

Je construis un avenir

Assis dans l'avion, ce jour de janvier 1975, en route pour Vienne, j'étais absolument perdu, étranger à tout ce qui se passait autour de moi jusqu'au décollage. Quand nous avons atteint notre altitude de croisière, j'avais envie de hurler : « Arrêtez l'avion ! Je veux descendre ! J'ai oublié ma famille ! » Mais, bien sûr, c'était impossible. Alors j'ai regardé à travers le hublot, contemplant les petites lumières que nous survolions, les lumières d'un pays et d'une vie que j'avais quittés. L'avion n'était pas plein et la plupart des passagers parlaient russe. La première partie de mon voyage, le vol jusqu'à Vienne, a pris environ deux heures.

Quand nous avons atterri à Vienne, nous avons été accueillis par des représentants d'Israël et de la *Hebrew Immigrant Aid Society* (l'HIAS, Société d'aide aux immigrants juifs)[1]. Ils m'ont demandé où je voulais aller et j'ai répondu au Canada. Il avait été plus facile d'obtenir les papiers d'émigration de l'Union soviétique en disant que j'allais en Israël mais en fait je voulais aller au Canada pour re-

---

1 Fondée à New York en 1881, la Société d'aide aux immigrants juifs fournit de l'aide, du conseil, du soutien et de l'assistance aux immigrants juifs. Depuis le début des années soixante-dix, l'HIAS a apporté une aide particulière aux Juifs émigrant d'URSS.

joindre Samuel. Tous ceux qui n'étaient pas en route pour Israël ont été emmenés en autobus jusqu'à une auberge tenue par une Polonaise juive du nom de Bettina. C'était une femme très rusée. Elle exploitait les immigrants qui descendaient dans son auberge, achetant pour une bouchée de pain leurs biens et leurs souvenirs, et les revendant avec un important bénéfice. Elle se prenait pour une reine et son nom est devenu légendaire parmi les nombreux émigrés juifs qui ont franchi le seuil de sa porte.

Je partageais ma chambre avec un immigrant de Kiev, un homme du nom de Garik qui était célibataire – tout comme moi désormais. Tous les nouveaux immigrants se rassemblaient dans le bureau viennois de l'HIAS pour remplir les formulaires. Comme je parlais plusieurs langues, on m'a demandé d'aider à la traduction. Une des personnes que j'ai aidées était un immigrant polonais qui avait surchargé sa voiture et était venu à Vienne avec l'intention d'y rester. Il m'a proposé de me servir de guide et j'ai ainsi vu une grande partie de cette magnifique ville. De nombreux écrivains et artistes ont fait l'éloge de ses splendeurs. J'ai été particulièrement impressionné par la propreté des rues, la discipline des citoyens et l'abondance générale dans les magasins. Une semaine n'est pas suffisante pour visiter une si grande ville, bien sûr, mais mon temps a passé vite. Bientôt, avec d'autres immigrants, j'ai reçu des papiers pour aller en train à Rome, en Italie.

Quand notre groupe est arrivé à la gare de Vienne, nous avons eu très peu de temps pour embarquer et cette expérience désagréable m'a rappelé la retraite précipitée des troupes soviétiques et de l'élite du Parti quand ils ont quitté Rokitno. Tout était chaotique, les gens se battaient avec des sacs et des valises de toutes tailles et de toutes formes. Pas de problème pour moi qui n'avais qu'une petite valise.

Le coup de sifflet a retenti et nous sommes partis une fois de plus vers l'inconnu. Les roues du train jouaient la même mélodie que la nuit où j'étais allé de Moscou à l'École militaire Souvorov de Voronej. Le train de nuit fonçait d'une gare à l'autre. Je me demandais si on nous avait envoyés dans un train de nuit pour éviter d'éventuelles attaques terroristes². Je n'arrivais pas à m'endormir, retournant dans ma tête tout ce qui m'arrivait. Je me sentais aussi une responsabilité écrasante puisque j'avais été choisi comme leader du groupe. Je devais m'assurer que nous descendions tous à la bonne gare, pas loin de Rome, où les bus de l'HIAS nous attendraient.

L'arrêt prévu a été très bref et nous avons eu encore moins de temps pour descendre du train que nous n'en avions eu pour y monter. Nous avons jeté nos valises et nos sacs par les fenêtres, les enfants brusquement réveillés pleuraient. Néanmoins, tout s'est bien passé. Nous sommes montés dans des bus et nous sommes partis pour Rome.

À Rome, nous avons logé dans plusieurs pensions de meilleure qualité qu'à Vienne. Ainsi ont commencé mes « vacances romaines ». Nous ne pouvions rester dans ces pensions que le temps que l'HIAS de Rome termine les démarches administratives. Ensuite, nous devions nous trouver notre propre logement. Après avoir demandé conseil à ceux qui nous avaient précédés, nous avons trouvé à nous loger à Lido di Ostia³, une petite ville sur la côte méditerranéenne, à une trentaine de kilomètres de Rome, où les prix étaient beaucoup moins élevés. J'ai eu la chance de trouver rapidement à me loger. Mon appartement était rue Triremi, juste à la frontière entre ce que mes camarades immigrants appelaient la partie com-

---

2 Dans les années soixante-dix, pendant le séjour d'Alex Levin en Italie, les Brigades rouges (*Brigate Rosse*), un groupe de militants de l'extrême gauche italienne se livraient activement à des activités de sabotage, des kidnappings et des assassinats.

3 Lido di Ostia (Ostie en français) est le port de Rome. La rue Triremi (*Via delle Triremi* en italien) sépare la partie portuaire d'Ostie du quartier des restaurants et des boutiques.

muniste et la partie capitaliste de la ville. Garik, mon colocataire de Vienne, s'est à nouveau joint à moi. J'ai immédiatement mis toute mon énergie à étudier sérieusement l'anglais, prenant le train pour suivre des cours à Rome tous les jours. Je savais combien ces leçons étaient importantes parce que ma connaissance de l'anglais déterminerait mon succès dans le Nouveau Monde.

L'Italie moderne est un des pays européens les plus intéressants, du fait de sa situation géographique, de son histoire, de sa culture ancienne et de son rôle sur la scène culturelle et politique de l'Europe contemporaine. Mais j'avais beau me retrouver dans ce pays merveilleux, je ne pensais qu'à ma famille. Je croyais au triomphe de la raison et j'étais convaincu que nous finirions par être réunis. À l'issue de chaque cours d'anglais, je me précipitais à la poste d'Ostie pour appeler Moscou ou envoyer un petit paquet où je glissais ce que j'économisais sur ma modeste allocation de l'HIAS.

Je suis finalement resté neuf mois à Rome. Après mes cours et durant les fins de semaine, j'arpentais les rues, me délectant des richesses culturelles. Durant ce séjour, j'ai eu aussi la possibilité de visiter la plupart des lieux les plus célèbres d'Italie et d'apprendre beaucoup sur ce peuple merveilleux. J'ai visité des endroits comme Tivoli, les fouilles archéologiques d'Ostie et les villes magiques que sont Florence et Venise. J'ai été très impressionné par l'Italie et les Italiens. Depuis la fin de la guerre, les Italiens avaient accompli d'énormes progrès sociaux et économiques et tout ceci sans les campagnes de productivité frénétiques, les compétitions et les mobilisations de masse que nous avions connues en URSS, s'appuyant plutôt sur leur force de travail et leur liberté d'action.

En plus de mes cours d'anglais, j'assistais à tous les cours et toutes les conférences organisés par l'HIAS, ainsi qu'aux réunions d'un groupe spécial organisé par le directeur de l'HIAS, David Harris. C'était un grand jeune homme athlétique et nous avons vite noué d'excellentes relations. Les membres de ce groupe d'étude se recevaient dans leur appartement à tour de rôle, du début de la soirée jusqu'à minuit. On servait du thé et des biscuits et la conversation en anglais portait sur divers sujets. David avait choisi les membres du groupe lui-même et le groupe comprenait un mélange intéressant de personnes venues des quatre coins de l'Union soviétique.

Pendant que j'étais à Rome à attendre mes papiers pour le Canada, Samuel m'a rendu visite, ainsi que mon frère aîné, Nathan. Ce dernier venait spécialement d'Israël pour célébrer ce qui a été, comme on pouvait s'y attendre, une réunion de famille pleine d'émotions : la première en 33 ans ! Durant nos retrouvailles, nous avons parlé de notre famille qui avait été détruite par les nazis et leurs sympathisants locaux, et de ma famille à Moscou. Samuel ne comprenait pas pourquoi ma femme et ma fille n'étaient pas venues avec moi puisqu'il nous avait tous invités. Mais immigrer n'est pas une procédure facile, psychologiquement et physiquement, et j'ai tenté de lui expliquer que c'était compliqué aussi pour Marina.

À l'automne 1975, mes vacances romaines se sont terminées. Le processus de sélection pour immigrer au Canada était très approfondi et c'était le moment de mon examen médical et des entrevues avec le consul canadien. Ces procédures étaient sources de souci mais au moins, maintenant, j'étais sûr qu'un jour je serais au Canada. Les vers du célèbre poète russe Vladimir Vysotsky[4] sur le Canada me revenaient en mémoire :

Ce pays est béni de Dieu,
Un Eldorado encore inconnu.
C'est drôle, car il est là.
Bienvenue au Canada ! Bienvenue au Canada !

---

4 Vladimir Vysotsky (1938–1980) était un acteur, écrivain, chanteur et poète russe. Ses chansons – qui circulaient clandestinement – avaient pour thème la frustration liée aux choses de la vie quotidienne et étaient très parlantes pour le peuple soviétique.

Le 28 octobre 1975, j'ai atterri dans ce pays béni, à Toronto, en Ontario. Après les formalités d'immigration à l'aéroport, je me suis retrouvé dans les bras de mon frère Samuel : après plus de 30 ans, nous étions enfin réunis pour plus qu'une simple visite. Toute la famille de Samuel était venue m'accueillir. Pour la première fois de ma vie, je suis monté dans une limousine et j'ai parcouru la rue Yonge jusqu'à la maison de mon frère. C'était le soir et cette rue merveilleuse était illuminée par des néons et des enseignes lumineuses que je n'étais pas encore capable de déchiffrer. Mon seul regret était que Marina et Lena ne puissent pas voir ce spectacle avec moi. Et, comme si ce n'était pas assez, le lendemain, je me suis réveillé dans une luxueuse maison, au 4, rue Shenston. J'avais l'impression d'être en plein rêve – le genre de rêve dont on ne veut pas se réveiller !

Il était difficile de croire qu'après tout ce que j'avais enduré, le bonheur était encore possible et, pourtant, c'était bien le cas.

Le premier soir de mon séjour chez elle, ma belle-sœur Chaya avait préparé un dîner pour tout le monde. Comme le repas était délicieux ! Nous avons parlé sans arrêt, sautant d'un sujet à l'autre. Il nous semblait que nous n'aurions jamais assez de temps pour discuter de tout. Finalement, j'étais si épuisé que j'ai dû aller me coucher. Comme j'étais surexcité, je pensais ne pas pouvoir m'endormir. Mais, chose étonnante (ou non !), trois minutes après, je dormais à poings fermés.

Toronto est une ville qui s'étale sur une grande superficie et, quand je suis arrivé, en 1975, le Grand Toronto comptait environ 2,75 millions d'habitants. La ville elle-même avait été fondée deux siècles auparavant, aussi, selon les critères européens, tout semblait neuf. À l'époque, comme maintenant, le vrai charme de Toronto, son point fort, tenait aux nombreux quartiers qui la constituent. Je me suis immédiatement senti à l'aise avec la solide éthique de travail de tous les immigrants dont je faisais maintenant partie.

La première matinée que j'ai passée à Toronto a marqué le début de ma nouvelle vie dans une nouvelle maison et un nouveau pays.

La première semaine, j'ai été occupé à remplir tous les imprimés nécessaires pour avoir mes numéros d'assurance maladie et de sécurité sociale. Puis je me suis inscrit auprès de la *Jewish Immigrant Aid Society* (JIAS, Société d'aide à l'immigration juive)[5] et enfin à un cours d'anglais langue seconde au Collège Seneca. Ma classe était essentiellement composée d'immigrants soviétiques.

En moins de deux semaines, je me suis rendu compte que le niveau de la classe était trop faible pour moi et j'ai trouvé un cours plus avancé à Humber College. Ce groupe était essentiellement constitué d'immigrants indiens dont l'anglais était bon, particulièrement à l'écrit; à part moi, il y avait deux Israéliens. Maintenant, je n'avais personne à qui parler russe dans la classe, que je l'aie souhaité ou non. J'étais très actif en cours, malgré mes nombreuses fautes, surtout à l'écrit. J'étais déterminé à apprendre la langue aussi vite que possible pour pouvoir chercher un emploi, de préférence comme ingénieur.

Des conseillers d'orientation à Humber College aidaient les étudiants à trouver un emploi. Un jour, quelques semaines avant la fin de mon cours d'anglais de trois mois, j'ai été convoqué au bureau d'un conseiller. Il m'a parlé d'un poste d'ingénieur industriel à la *Fruehauf Trailer Company*. C'est avec beaucoup d'enthousiasme que je me suis présenté à l'entretien d'embauche et j'ai eu la chance d'obtenir le poste.

La maison de mon frère, où je vivais encore, était loin de mon nouvel emploi et il me fallait changer trois fois d'autobus pour me rendre au travail. J'ai décidé de passer mon permis de conduire pour faciliter les trajets. Quand j'ai commencé dans mon nouvel emploi,

---

5 Fondée à Montréal en 1919, la *Jewish Immigrant Aid Society* a aidé les Juifs ayant quitté l'Europe centrale pour fuir les pogroms, les survivants de l'Holocauste et les réfugiés bosniaques, ainsi que les Juifs immigrant au Canada depuis le monde entier.

je me suis vite rendu compte que je ne pouvais pas compter sur l'aide de mes collègues et que je devrais tout apprendre par moi-même. J'ai étudié tous les livres que j'ai pu trouver sur la construction de remorques et d'autres produits fabriqués par ma nouvelle compagnie. Ma responsabilité principale était d'élaborer des normes de production pour les diverses pièces automobiles utilisées dans les châssis de voitures, de camions et de camionnettes que la firme assemblait. La plupart du temps, je devais calculer et mesurer le temps dont les fournisseurs avaient besoin pour produire ces pièces et le temps qu'ils y passaient réellement.

Je me suis rapidement renseigné sur tous nos produits, j'ai mis au point les normes de production appropriées pour leur production, j'ai systématisé l'information et créé une banque de données qui me permettait de répondre efficacement aux questions posées par les autres départements. En même temps, j'ai noué de bonnes relations avec mes collègues, les cadres et les syndicats. Tout en travaillant dans cette usine, je me préparais à passer les examens pour valider mes diplômes soviétiques et m'inscrire comme ingénieur professionnel du Canada. Une fois ces examens passés avec succès, je suis devenu membre de la Société canadienne de génie civil.

J'espérais obtenir une promotion au travail, mais Sa Majesté la Chance ne m'a pas souri cette fois-là. Quand un poste de chef du département technique s'est libéré, on l'a donné à quelqu'un qui avait plus d'ancienneté. J'ai continué à travailler sous les ordres d'un homme assez compétent, quoiqu'il n'ait pas fait d'études collégiales et n'ait pas eu le titre d'ingénieur. Néanmoins, nous avions une bonne relation et il a rapidement recommandé une hausse de mon salaire qui a été accordée. Cependant, après trois ans dans cette compagnie, j'ai décidé qu'il était temps de chercher un emploi mieux payé. Il me fallait plus d'argent pour ma famille, qui me rejoindrait un jour à Toronto, j'en étais persuadé.

Je suis entré en contact avec une firme de « chasseurs de têtes » (c'est-à-dire une compagnie qui recrute des cadres). Par leur entremise, j'ai eu une offre d'emploi comme ingénieur industriel supérieur dans une autre compagnie. Le salaire était beaucoup plus élevé et j'ai rapidement eu ce nouvel emploi, avec de nouveaux collègues et de nouveaux défis. Cette compagnie travaillait au développement de technologies et de savoir-faire pour la production et l'assemblage d'autoradios et créait des mini-chaînes de production pour tester la technologie avant de lancer la production de masse en Haïti, où le coût de la main-d'œuvre était minime.

Avec empressement, j'ai étudié en détail les différentes pièces composant le syntoniseur récemment mis au point. Le plus important pour moi était d'apprendre toute la terminologie anglaise des pièces d'une radio et du processus de production. Pour y arriver, j'ai démonté un syntoniseur et j'ai collé toutes les pièces sur des panneaux de carton en écrivant en dessous le nom et le numéro de série de chacune. Puis j'ai simplement mémorisé le tableau. Le prototype de notre syntoniseur était un modèle japonais que nos ingénieurs avaient essayé de modifier et de produire à moindre coût. Toutefois, pendant le processus de modification, un petit ressort leur avait échappé et cette omission a fait que le nouveau modèle a échoué à tous les tests. J'ai découvert le chaînon manquant alors que je mémorisais les noms de toutes les pièces collées sur mon tableau de carton. Ma découverte a réglé le problème et le projet a été rapidement couronné de succès.

J'ai vécu avec mon frère pendant mes six premiers mois à Toronto, mais le moment était venu pour moi d'aller vivre de façon indépendante dans ma propre maison. J'ai rapidement trouvé un deux-pièces que j'ai décoré avec quelques meubles donnés par mon frère et mon neveu. J'étais un célibataire solitaire et je ne pensais qu'à une seule chose, faire venir ma famille le plus vite possible. J'écrivais des lettres interminables pour essayer de persuader Marina qu'elle devait accepter de franchir le pas pour l'avenir de notre fille.

J'ai continué à travailler dur et à économiser pour acheter ma propre maison. Pendant mon temps libre, j'ai commencé à étudier le marché immobilier. Un jour, en 1978, mon neveu m'a parlé d'un nouveau complexe qu'on édifiait près de l'intersection des rues Steeles et Bathurst. Le site était à l'extrémité nord-ouest de la ville, dans une banlieue de Toronto appelée Thornhill. Des maisons en construction étaient à vendre dans cette zone. Après m'être rendu deux fois au bureau de vente, j'ai fait une offre sur une de ces maisons et j'ai fait un dépôt de 12 000 $, mes économies. La maison coûtait 60 000 $, il me fallait donc une hypothèque.

Si étrange que cela puisse paraître, j'ai dû apprendre ce qu'était une hypothèque et comment cela marchait parce que le concept m'était inconnu. Il n'y avait rien de tel dans l'économie de l'Union soviétique. Pendant la construction de ma maison, j'attendais avec impatience des nouvelles de Moscou et je continuais à travailler dur pour rembourser mon prêt le plus rapidement possible. Pour obtenir un meilleur salaire, j'ai à nouveau changé d'emploi et j'ai pris un poste de directeur de fabrication dans une autre compagnie.

Dans un nouveau pays

Après cinq ans de séparation et d'incertitude, ma famille a finalement pris la décision de venir au Canada. C'est notre fille Lena qui a fini par réussir à inverser la situation. Lena était sortie de l'école secondaire avec une médaille d'or et elle aurait dû être accueillie à bras ouverts dans l'université de son choix, mais elle a fait l'expérience du même genre de discrimination que celui dont j'avais été l'objet. Marina s'est rendu compte que, pour que Lena ait vraiment les possibilités qu'elle méritait, elles devaient quitter l'URSS. J'ai fait toutes les démarches et j'ai attendu notre heureuse réunion familiale, qui a finalement eu lieu le jour joyeux du 31 janvier 1980. Samuel et sa famille sont venus avec moi à l'aéroport.

Après l'habituel contrôle douanier, j'ai enfin pu prendre Marina et Lena dans mes bras. Cette fois-ci, cependant, je pouvais emmener ma famille en voiture dans notre nouvelle maison. Avant leur arrivée, Samuel, sa famille, Nathan - qui était en visite - et moi, avions essayé de rendre la maison aussi confortable et agréable que possible pour ma famille. Nous avions de la vaisselle et des meubles neufs et toutes sortes de petits accessoires décoratifs pour que Marina et Lena se sentent bien et à leur aise dans ce nouvel environnement. Je dois avouer que je voulais aussi impressionner ma femme et ma fille en leur montrant que j'étais bien établi, avec une certaine aisance financière.

Mon vieux rêve s'était finalement réalisé. Ma famille était enfin avec moi dans ce pays nouveau et riche, le Canada, où nous allions commencer une vie nouvelle. Durant les premiers jours, nous avons rempli tous les papiers requis pour les immigrants. Comme j'avais déjà fait ces démarches, nous en avons vite terminé. Maintenant, c'était au tour de ma famille de travailler dur. Ma femme et ma fille se sont inscrites dans une école d'anglais langue seconde et ont travaillé dur pour apprendre l'anglais. Lena, qui avait dix-huit ans quand elle est arrivée, avait déjà des bases solides en anglais, mais n'avait jamais eu l'occasion d'utiliser cette langue. Son but était de s'adapter le plus vite possible et d'entrer à l'université. Elle a déposé une demande auprès de la faculté d'informatique de l'Université York (à Toronto) pour l'automne 1980 et, comme elle avait reçu le diplôme de fin d'études avec mention à l'école secondaire, elle a été acceptée à condition de suivre une formation supplémentaire en anglais. Pendant ce temps, Marina continuait à étudier l'anglais avec assiduité à George Brown College.

Cette même année, j'ai pris un nouveau poste de directeur de production dans une autre usine. Mes responsabilités et mon salaire croissaient d'année en année. Chaque emploi que j'ai occupé a eu son côté positif et son côté négatif. Mais le plus important pour moi à l'époque, c'était que ma situation financière et matérielle continue à croître et que je puisse acquérir de l'expérience sur place, dans des industries différentes. C'était toujours une source de fierté pour moi d'être capable de dire lors de tous mes entretiens, après la rencontre initiale, qu'effectivement j'avais une expérience de travail au Canada. À la différence de mon expérience de recherche d'emploi en Union soviétique, personne au Canada ne m'a jamais interrogé sur mon appartenance ethnique ou mon âge, parce que c'était illégal de le faire. Au Canada, je ne faisais plus face au refus d'emploi à cause du « paragraphe cinq ». Et aucun employeur ne m'a jamais demandé où vivaient les membres de ma famille !

Notre vie au Canada est devenue de plus en plus normale et

confortable. Le simple fait d'avoir ma famille avec moi dans ce pays
béni, après des années de lutte et de souffrance, prouve que si vous
vous battez pour votre avenir, vous pouvez vraiment atteindre le
bonheur. Marina et moi avons célébré notre troisième mariage le
3 octobre 1980, à Toronto. Bien sûr, la vie au Canada n'est pas toujours aussi facile que le croient certaines personnes de l'autre côté
de l'océan. Mais le plus important c'est qu'ici les paroles de cette
célèbre chanson soviétique prennent tout leur sens : « Mon pays est
vaste... Tout le monde y respire librement... » Il suffit de faire une
chose, travailler assidûment et honnêtement – ce que j'ai fait.

En travaillant comme chef de production, non seulement j'ai acquis de l'expérience dans le lancement de nouveaux produits, dans
la manière de coopérer avec de puissants syndicats et dans la gestion
d'une équipe multiculturelle, mais j'ai aussi participé au processus
de recrutement et de licenciement. Mes décisions étaient souvent
à la fois techniques et personnelles et étaient toujours motivées par
le critère suivant : cette personne pouvait-elle fournir dans les dé-
lais voulus des commandes de haute qualité ? Je travaillais dur et, en
temps voulu, j'ai réussi.

En dépit de mes progrès évidents, ou peut-être à cause d'eux, je
me suis fait quelques ennemis dans cette usine. Ils ne voulaient pas
que je réussisse et ont essayé de m'empêcher d'y parvenir. À un certain moment, j'ai voulu opérer des changements dans la dynamique
de groupe et les habitudes de travail qui existaient avant mon arrivée parce que je sentais qu'elles constituaient un obstacle à notre
productivité. Le résultat a été que j'ai été licencié sans aucun motif.
J'ai pensé qu'un tel licenciement n'était pas justifié et j'ai fait appel
à la justice pour m'y opposer. Le tribunal m'a accordé une compensation. La compensation financière n'était pas très importante pour
moi. Ce qui importait, c'était que j'étais confirmé dans ma position. Je pense aussi que c'était un cas juridique important parce qu'il
montrait qu'un immigrant pouvait poursuive le propriétaire multi-
millionnaire d'une compagnie et gagner. Quand je compare cela à

mes expériences difficiles en Union soviétique, je me demande souvent : est-ce que je rêve ?

Ayant perdu cet emploi, je devais en trouver un autre, mais, cette fois, j'avais plus de confiance en moi et mon anglais était bien meilleur. Peu après, en 1981, on m'a offert un poste dans l'industrie pétrolière, domaine que je connaissais bien de par mes études et mon expérience en Union soviétique. Après le premier entretien d'embauche à Toronto, j'ai été convoqué à Calgary. J'ai pris l'avion avec grand enthousiasme. C'est pendant ce voyage que j'ai vu les montagnes Rocheuses, ces montagnes magiques, pour la première fois. J'en ai eu le souffle coupé ! J'ai obtenu le poste, mais ma famille ne voulait pas déménager une fois de plus. J'étais d'accord et j'ai recommencé à chercher du travail à Toronto.

En janvier 1982, on m'a offert un poste d'ingénieur au siège social d'un des plus grands services de blanchissage industriel d'Amérique du Nord. Après un an, j'ai eu une augmentation et je pensais que je n'avais pas de raison de m'inquiéter, mais parfois la vie vous joue des tours. Mon patron était un réfugié hongrois qui avait grimpé les échelons jusqu'au sommet sans avoir fait aucune étude d'ingénieur. Il a décidé d'engager à ma place un étudiant fraîchement diplômé du collège[1], le fils d'un de ses amis. Un jour, mon patron m'a simplement tendu une lettre disant qu'il n'y avait plus de projets pour moi. Comme j'avais déjà de l'expérience dans la lutte contre l'injustice, j'ai poursuivi l'entreprise pour licenciement abusif. De telles luttes dans la vie sont pénibles, mais si on se bat pour le droit d'être traité équitablement, elles vous rendent plus forts. Une fois de plus, j'ai gagné et j'ai reçu une autre compensation financière.

Armé de mon expérience de travail au Canada et de ma connais-

---

1 Il s'agit ici d'un établissement d'enseignement technique ou technologique où l'on rentre après l'école secondaire et qui offre une formation professionnelle.

sance du système judiciaire, j'ai décidé qu'il était temps pour moi de créer ma propre entreprise au lieu de m'épuiser pour quelqu'un d'autre. J'ai obtenu ma licence d'agent immobilier en 1983 et j'ai entamé un nouveau chapitre de mon histoire professionnelle qui pourrait avoir pour titre un proverbe russe : « Ce sont les jambes du loup qui lui remplissent le ventre ». Le travail dans l'immobilier m'a permis d'en apprendre beaucoup sur les relations humaines et l'importance des valeurs telles que la loyauté, l'honnêteté, l'éthique et le fait qu'il y a du négatif et du positif dans chacun d'entre nous. Mais le marché immobilier canadien s'est effondré à ce moment-là, aussi ai-je décidé de prendre un emploi de directeur d'usine dans une entreprise qui concevait de l'équipement pour les boulangeries.

En 1985, j'ai commencé à travailler comme agent immobilier associé et j'ai eu une année fort lucrative. Mais ce genre de travail ne m'intéressait pas vraiment et j'ai décidé d'investir en achetant des terrains et en bâtissant des lotissements. Je me suis associé avec Vito Marchese et nous avons créé notre propre agence immobilière, Alvi Homes, en 1987. Nous avons commencé par deux maisons seulement, mais la construction et la vente de ces deux maisons a été un très grand succès. Maintenant que nous avions l'expérience de la construction, nous avons trouvé un client qui voulait complètement rénover et agrandir sa maison. Nous avons gagné en expérience et nous avons augmenté à dix le nombre de projets de maisons. Mon partenaire et moi avons eu une belle réussite. Après quoi, je me suis un peu retiré des affaires. Je travaillais encore comme constructeur, mais c'était devenu un peu plus facile et la pression était moindre.

À cette époque-là, en 1991, nous nous sommes préparés à accueillir la sœur de ma femme, Véra Zeitlina, et sa famille de cinq personnes. La convaincre d'émigrer avait nécessité des années de persuasion et une mission de reconnaissance au cours de laquelle Véra était venue pour le mariage de Lena avec Jack Halpern, le 13 mars 1988. Plus tard, son mari et sa fille sont également venus nous rendre visite. Finalement, nous avons reçu une lettre de Véra disant que la famille était prête à émigrer au Canada. Ils sont arrivés à Toronto le 27 décembre 1991.

J'avais atteint un degré de stabilité financière au Canada que je n'aurais jamais cru possible. J'avais travaillé très dur toute ma vie, surtout pour survivre de mon mieux. Il y avait de la satisfaction à cela, sans aucun doute. Mais mon histoire personnelle me poussait de plus en plus à l'action. Je voulais, comme je le désirais déjà quand j'étais petit, faire quelque chose pour aider à empêcher une horreur comme l'Holocauste de se reproduire. On dit que ceux qui ignorent leur propre histoire sont destinés à la revivre. J'étais hanté par cette idée et, maintenant que j'étais quasiment à la retraite, je me suis enfin lancé.

J'ai commencé à travailler pour des organisations d'éducation sur l'Holocauste, ce qui impliquait que je rompe mon long silence sur mes terribles expériences. C'était très difficile. Cela m'a demandé beaucoup d'efforts et un certain courage pour arriver à parler à des étrangers de ce qui m'était arrivé pendant la guerre. Néanmoins, je suis devenu conférencier, me rendant dans les écoles et d'autres organismes pour informer et partager mon histoire. Je savais qu'il était important que la jeune génération apprenne sur ces événements de quelqu'un qui avait eu une expérience directe de l'Holocauste, pour entendre raconter non seulement l'horreur, mais aussi la façon dont quelques-uns d'entre nous avaient réussi à survivre.

Au terme d'une vie variée et parfois difficile, j'avais fini par devenir un entrepreneur prospère. Ce n'est peut-être pas l'histoire de la fortune du siècle, mais ma réussite me semble remarquable. J'étais un petit garçon quand j'ai été brutalement séparé de mon foyer, de la sécurité et de l'amour qu'une famille peut offrir. Je me remémore mon séjour dans la forêt, séjour qui, paradoxalement, a fait naître en moi une certaine spiritualité. Chaque fois que je rentre en moi-même, je vois en esprit les arbres immenses de la forêt. Je vois aussi les loups, dont les yeux cruels luisaient dans le noir.

Si j'ai atteint la réussite professionnelle et la sécurité à laquelle j'ai aspiré si longtemps, c'est, je crois, grâce à une vie qui a été tout à la fois porteuse de sens, de défis et, par moments, a semblé sans espoir. Je suis satisfait de ce que j'ai et de ce que j'ai accompli. J'ai appris par expérience combien ma famille est importante pour moi. Je puis affirmer maintenant qu'il y a un certain ordre dans la vie. Comme mot de la fin, je dirais que personne ne doit désespérer.

Épilogue : retour au monde disparu de mon enfance

Quand j'ai commencé à parler aux gens de ce qui nous était arrivé à ma famille et à moi pendant les années de guerre en Europe et que je me suis mis à revivre les souvenirs douloureux de mon enfance, j'ai désespéré de plus en plus de trouver des réponses à mes questions et un moyen de soulager ma peine. J'étais maintenant citoyen canadien, je vivais dans un monde très éloigné de celui dans lequel j'avais grandi et j'avais l'impression d'être coupé en deux. Une partie de moi était vide, douloureuse, la partie européenne. L'autre était plus complète, plus comblée, la partie canadienne. Inévitablement, j'ai commencé à envisager un retour en Europe pour revoir les endroits où j'avais passé ma jeunesse, dans l'espoir que ce voyage apaiserait enfin les mouvements de désespoir qui m'agitaient.

Je comprenais d'une certaine façon que visiter Rokitno en 1995 serait comme visiter le musée d'une civilisation disparue. J'y chercherais un monde juif disparu. Les Polonais et Ukrainiens continuaient à y vivre comme ils l'avaient fait depuis des générations, mais les Juifs qui y avaient vécu depuis un millier d'années avaient disparu sans laisser de trace. Ceux qui, comme moi, ont survécu se demandent même s'il est possible de rejoindre ce monde disparu. Notre enfance nous a été volée – serait-il possible d'en ressaisir un morceau ? Cette idée anime beaucoup d'entre nous. En y retournant, peut-être découvririons-nous une photo, un objet, quelqu'un qui se souviendrait de nos êtres chers.

Je brûlais d'envie de retourner à Rokitno, mais, en même temps, j'éprouvais secrètement une aversion à l'idée d'y revenir. Pour moi, Rokitno représentait le lieu de l'absurde. Depuis que je l'ai quitté, cet endroit me remplit d'un sentiment d'indifférence plutôt que de haine passionnée ou de peur. Mais, en dépit de ces sentiments difficiles, je savais que, malgré tout, mon désir était grand d'y retourner. Après de nombreuses années de discussions et de débats, mon frère Samuel et moi avons finalement décidé de faire le voyage. Nous avions le sentiment que nous devions revoir le lieu de notre naissance et de notre enfance non seulement pour nous-mêmes, mais aussi pour nos familles et, tout simplement, pour toute la génération qui en sait si peu sur ce qui s'y est produit.

Nous nous sommes informés sur les conditions d'un retour dans la région et nous avons appris qu'une organisation s'y rendait régulièrement. En 1995, nous avons eu la chance de nous joindre à un groupe d'Israéliens (des survivants, leurs conjoints, leurs enfants et leurs petits-enfants) qui avaient eux aussi des racines à Rokitno. Nous ferions partie d'un rassemblement annuel organisé par l'Association des anciens habitants de Rokitno et des environs (et de leurs descendants). C'est avec des sentiments partagés que Samuel, des membres de sa famille et moi avons préparé notre voyage.

Je suis arrivé à Kiev, capitale de l'Ukraine, quelques jours avant Samuel, sa famille et le groupe d'Israéliens. Je voulais passer un peu de temps avec mes anciens condisciples de l'École militaire Souvorov à Voronej, dont Fred Zolotkovsky, Vladimir Béliaev et Boris Poliansky. Notre réunion a été très émouvante et la conversation fort animée. Nous avons parlé de tout, depuis nos années à l'école des cadets jusqu'au sens de la vie.

Nous avons visité l'école d'infanterie de Kiev, le cimetière où sont enterrés les parents de Fred Zolotkovsky et, le soir, nous avons rendu visite à Lena, la cousine de Fred qui a organisé une soirée en notre honneur. Cette soirée a été conforme à la tradition russe : des tonnes de nourriture, des tonnes de vodka et des tonnes de discours sur ma visite et sur notre amitié. Cette soirée chaleureuse et nostalgique me rappelait notre jeunesse, nos camarades et nos professeurs disparus. Dans cet esprit, j'ai invité Fred à se joindre à notre voyage à Rokitno, à la recherche de mon enfance, et il a accepté.

Deux jours plus tard, Fred et moi avons retrouvé Samuel et sa famille à l'aéroport. Le groupe venu d'Israël, arrivé plus tôt, était déjà en route vers Rokitno par autobus. Fred, Samuel, sa famille et moi nous nous sommes répartis en deux voitures et avons commencé la longue route vers Rokitno, environ 260 kilomètres. En chemin, j'ai discuté avec notre chauffeur et Samuel a parlé à ses enfants, leur racontant des histoires et leur donnant des informations importantes pour les préparer intellectuellement et psychologiquement à leur arrivée dans cet endroit presque mythique. Au terme de notre voyage, nous avons été accueillis par Nina Ivanovna Tchirouk, ancienne maire-adjointe de Rokitno, et par le groupe venu d'Israël. Nous avons été invités au restaurant, puis à l'Hôtel Dubok.

Après un moment de repos, nous avons commencé à nous promener dans les rues de notre ville, en partant de la gare, qui n'avait pas changé depuis toutes ces années. Les wagons à bestiaux exposés comme mémorial dédié à ceux qui avaient été assassinés par les nazis étaient identiques à ceux qui avaient transporté les gens, comme mon père, encore vivants après la fusillade sur la place du marché. Nous nous sommes aussi promenés dans les ruines de notre rue, empruntant le même chemin que nous avions suivi pour aller à l'école avant la guerre. Nous avons dépassé le passage à niveau, nous avons vu le pont au-dessus de la petite rivière et nous sommes passés devant la maison de monsieur Nachtman, autre endroit où nous avions cueilli des poires juteuses quand nous étions petits. Décrire ma vie à Fred m'a aidé à exprimer certaines de mes émotions complexes. Fred était si ému par mes récits qu'il s'est mis à écrire des poèmes sur ses sentiments par compassion[1].

---

1 Un de ces poèmes est inclus dans les annexes à la fin de ce volume.

Le second jour, nous sommes allés à une réunion avec des fonctionnaires du gouvernement local qui nous ont fait un discours sur le développement de la région. Quelques Israéliens ont parlé, expliqué les raisons pour lesquelles ils étaient revenus dans le *shtetl*, disant que nous voulions témoigner notre respect envers la communauté disparue et revisiter les lieux de notre enfance.

Le troisième jour, nous sommes allés au cimetière juif, récemment enclos, et nous y avons trouvé plusieurs tombes neuves et beaucoup d'anciennes. Les nouvelles tombes étaient celles des Juifs qui étaient venus à Rokitno après la guerre et qui étaient morts depuis. Ces morts étaient les seuls Juifs restant dans la ville. Nous avons allumé des bougies commémoratives pour les disparus et avons récité le *Kel Maleh Rachamim*, la prière pour les défunts. Nous ressentions tous un lien fort avec le passé. Samuel et moi avons parcouru le cimetière à la recherche des tombes de nos grands-pères, mais nous ne les avons pas trouvées.

Non loin du cimetière se trouve la fosse commune qui contient les restes des personnes qui ont été massacrées sur la place du marché ou tuées par les collaborateurs quand elles ont essayé de s'échapper, en échange d'une prime aussi modeste qu'un kilo de sel. Nous avons célébré une cérémonie à leur mémoire. Cela a été un moment très intense, nous avons tous éclaté en sanglots. Nous avons déployé le drapeau israélien sur les tombes et nous avons récité le *kaddish*, la prière du deuil.

Le quatrième jour, nous avons traversé le village voisin de Netreba pour nous rendre à Okopy, dans la région où Samuel et moi nous étions cachés avec d'autres dans la forêt. Le village catholique polonais d'Okopy a été complètement détruit par les nationalistes ukrainiens. Seul demeurait le cimetière. Un des habitants de la région nous a raconté ce qui s'était passé. Il connaissait même notre cachette au fond de la forêt, mais il nous a expliqué que l'abri que nous avions creusé était maintenant impossible à visiter parce qu'il était rempli d'eau. Il nous a aussi raconté ce qui était arrivé à Ludwik Wrodarczyk, le prêtre polonais de la paroisse, et Felicja Masojada, l'enseignante polonaise, qui nous avaient aidés pendant la guerre : tous deux avaient été brutalement assassinés. Il nous a aussi dit que le fils de madame Masojada, Edmund, était vivant et habitait Varsovie.

Samuel et moi nous rappelions notre longue quête d'un abri et notre errance de village en village. Tout le monde nous chassait de chez eux mais Felicja Masojada, qui vivait en bordure du village d'Okopy, et Ludwik Wrodarczyk nous avaient offert un abri temporaire, de la nourriture et des vêtements. Apprenant que son fils était vivant, nous sommes entrés en contact avec les représentants de l'Église catholique polonaise jusqu'à ce que nous entrions finalement en contact avec Edmund Masojada.

En route vers l'Hôtel Dubok, nous avons été invités à l'école secondaire pour y rencontrer les professeurs. La fille de Samuel, Miriam David, était particulièrement intéressée par la discussion parce qu'elle est professeure à Toronto. Puis, nous nous sommes arrêtés dans la maison d'enfance de Moshe Trossman (qui faisait partie du groupe d'Israéliens), et on pouvait encore voir les marques laissées par la *mezouzah*[2] que ses parents avaient fixée sur l'encadrement de la porte.

Le cinquième jour, nous sommes allés à Sarny, où 18 000 Juifs des villes et villages environnants avaient été assassinés. Nous sommes descendus de l'autobus près d'un stade de football : il avait été construit au-dessus de l'ancien cimetière juif. Nous avons traversé la voie de chemin de fer et nous avons suivi la route que ceux de notre peuple avait suivie, en direction de la fosse commune. Dans cette fosse reposaient les restes de mon père, de son frère et de ses sœurs.

---

2 Une *mezouzah* est un petit morceau de parchemin portant des versets de la Torah, que l'on enferme habituellement dans un étui décoratif placé sur l'encadrement de la porte dans les maisons des Juifs religieux.

Ce massacre est décrit dans un livre dont l'auteur, Israel Greenberg, est un survivant qui a réussi à s'échapper en se cachant sous une pile de vêtements[3]. Il y a trois monuments commémoratifs sur place, faits de trois montagnes d'ossements couverts de sable. Nous avons à nouveau participé à une cérémonie commémorative.

Nous sommes retournés à Rokitno en nous arrêtant sur la place du marché. Mon frère a essayé de recréer le jour terrible où notre mère et notre frère ont été tués. Il a décrit à ses enfants comment les familles ont été séparées, comment une femme a averti en criant qu'un massacre allait se produire, puis le chaos de la foule terrifiée essayant de se sauver. Samuel a ensuite traversé la route et leur a montré la maison vers laquelle nous avions couru, où il avait travaillé pour des officiers allemands. Nous avons tous senti passer un frisson glacé et les enfants de Samuel, qui étaient des adultes, étaient visiblement émus. Il leur a dit comment nous avions couru hors de cette maison, passant par la porte de derrière et sous les wagons de chemin de fer qui avaient été préparés pour emporter la communauté entière vers les charniers de Sarny. Il a décrit comment nous avions couru plus loin, jusqu'aux buissons et dans la dense forêt qui entourait notre ville.

Lors de notre dernière soirée à Rokitno, nous avons été invités à dîner au restaurant par les fonctionnaires du gouvernement local. Alors que nous dînions, une pluie diluvienne s'est mise à tomber. Nous avons eu l'impression que les cieux pleuraient tandis que nous commémorions ceux qui étaient tombés. Le repas était servi, la nourriture et la vodka déjà sur la table. L'orchestre nous a accueillis avec des chansons ukrainiennes et juives. C'était vendredi soir. Nous avons allumé les bougies de Shabbat et nous avons prié.

───────────────

3 Greenberg, Israel (Afula). *"Tearful Events"*, traduit par Ala Gamulka, dans *Rokitno-Volyn* et *Surroundings : Memorial Book and Testimony (Ukraine)*, publié par E. Leoni : Tel Aviv, 1967, p. 282–287.

Annexes

זשאַק לאַנדאָ
צייכענונג א. מעקלער

« Camarade Soldat de l'Armée rouge », de J. Land, dans le texte original en yiddish (voir page opposée)»

Camarade Soldat de l'Armée rouge, de J. Land

Ce n'est pas la première fois que les gens ont demandé : « Qui es-tu, petit ? »

Il a tant vu et enduré que ce serait trop pour un homme adulte, et pourtant, ici et maintenant, on l'appelle « petit ».

Qui es-tu, petit ?

~

Il faisait nuit noire dans la forêt. L'automne arrachait les feuilles des arbres. Des étoiles filantes zébraient le ciel; leurs queues illuminaient la forêt un moment puis leur lumière s'éteignait aussitôt.

La peur l'enveloppait et les ombres rampaient. Le vent sifflait, prêt à frapper à tout moment. Chaque arbre ressemblait à un assassin, chaque branche à une main ou un poing. Il a neuf ans et il est seul dans la forêt. Il s'appelle Shike Levin. Que fait-il seul dans la forêt ? Il a couru s'y réfugier pour ne pas mourir. Il s'est échappé de sa ville. Il fait noir et on dirait que la mort le suit. Il croit entendre des fusils tirant dans le silence de la nuit. Il imagine des humains pendus aux arbres et les Juifs de son *shtetl* de Rokitno pendus à la porte de leur maison. Un sapin aux branches cassées lui rappelle sa mère, mains croisées, incapable de pleurer tant elle souffrait et tant elle avait peur. Elle semble se tenir devant le corps du père, mort. Le garçon devrait-il s'approcher d'elle ? Devrait-il aller vers elle, se blottir près d'elle et lui dire qu'il a peur ? Elle lui a dit avant sa mort : « Mon petit, si tu veux vivre, garde ton énergie et cours. » L'instant d'après, il lui semble que sa mère est pendue à un des arbres.

Il se serre contre une souche. Il a froid, il a peur de regarder autour de lui – il arrivera peut-être à tromper la mort. Voilà qu'il commence à entendre des bruits. Il lui semble qu'il est entouré de loups qui le cherchent. S'agirait-il du même loup que celui des contes de sa mère ? En un instant, tout un monde s'est évanoui. Il sent qu'il a grandi d'un seul coup – mais le loup reste un loup.

Il tombe endormi en étreignant la souche. La pluie, mêlée de rosée, le réveille au matin. Il ouvre les yeux et les referme aussitôt. La pluie se renforce et les gouttes tombant des arbres le pressent de partir. Il regarde autour de lui pour essayer de décider quelle direction prendre ou qui chercher.

« Qui es-tu, petit ? »

Deux hommes armés se tiennent devant lui. Ils l'observent. Ils veulent savoir comment un petit garçon s'est retrouvé dans la forêt. « Qui es-tu ? » Il pourrait en dire long, mais seules viennent ses larmes. Tranquillement, ils essaient d'obtenir une réponse de l'enfant. Ils lui demandent à nouveau : « Qui es-tu ? Nous sommes des partisans. » Ses pleurs redoublent. Ses larmes salées coulent jusqu'à ses lèvres et il parvient à dire : « Je suis un Juif. »

～

Il vit et aide les partisans pendant trois ans. Après la libération du *shtetl* de Rokitno, Shike Levin quitte la forêt et va en ville. Pendant ces trois ans, il a grandi. Ses cheveux noirs et ses yeux inquiets sont restés les mêmes. Il porte des chaussures faites de roseaux et il a une vieille casquette militaire sur la tête. Un pantalon trop grand et une blouse paysanne usée le recouvrent. Il entre dans la ville libérée en se demandant qui il va rencontrer. Certainement ni sa mère, ni son père – peut-être un oncle, une tante ou un voisin. Quitter la forêt l'amène à revivre ce qu'il a ressenti trois ans auparavant. Il se sent seul : la forêt jouait le rôle du père. Elle le protégeait. Maintenant le même sentiment de solitude l'étreint. Le soleil, comme d'habitude, explore le toit des maisons. Shike Levin explore lui aussi les rues familières de son enfance. Lentement, il regarde chaque maison familière. Il n'a plus douze ans. Ces années n'existent plus pour lui. Il est maintenant un soldat de l'Armée rouge.

Un officier de l'Armée rouge regarde ses yeux effrayés et lui demande : « Qui es-tu ? » « Qui je suis ? » Un sourire apparaît sur le visage de Shike Levin : « Je suis un partisan ! »

Le même soir, Shike Levin devient la mascotte de l'Armée rouge. On lui donne un bain, on le nourrit bien et on lui fournit un uniforme militaire. Avec son unité, Shike a traversé toute la Pologne jusqu'à la frontière allemande. Il sert de coursier à l'unité et tous les soldats le connaissent bien : c'est le gamin qui apporte les lettres et les paquets depuis la poste militaire.

La guerre se termine en mai 1945. Un jour en août, un jeune soldat de treize ans se présente au bureau de notre journal. Son uniforme militaire tombe bien et ses bottes sont bien cirées. Son regard hésitant révèle un visage doux et pâle. Pourtant, l'uniforme militaire lui donne un air enfantin. Il regarde autour de lui et se demande à qui s'adresser. Je le remarque et lui demande : « Qui es-tu, petit ? » Il me regarde sérieusement et me répond à contrecœur : « Je suis un soldat de l'Armée rouge. »

Nous sommes devenus bons amis et il m'a expliqué qu'il venait d'arriver à Moscou pour aller à l'École militaire Souvorov.

« Alors tu veux devenir militaire ? », lui ai-je demandé.

– C'est sûr. Les Allemands ont essayé de nous annihiler. C'est pourquoi je veux devenir militaire, pour que personne ne puisse jamais plus nous faire du mal.

Si vous rencontrez un soldat de treize ans en uniforme qui correspond à cette description ci-dessus, ne lui demandez pas : « Qui es-tu, petit ? » Appelez-le « Camarade-soldat de l'Armée rouge. »

Cet article a été publié originellement à Moscou, en 1945, sous le titre « *Khaver Royterarmeyer* » dans *Eynikayt* (Unité), le journal yiddish du Comité antifasciste juif. Il a été traduit du yiddish par Lawrence Gamulka, BCom, M A (Eng). Une reproduction de l'original est publiée page 136.

Les discours suivants ont été prononcés par mon frère Samuel, Fred Zolotkovsky et moi-même à l'occasion de notre visite à Rokitno, en 1995.

« Je commencerai par une citation d'un célèbre producteur russe, Sava Kulish : "Ma génération est la dernière de la guerre, des enfants de la guerre. Nous sommes la dernière génération, celle avec laquelle les faits, la réalité et l'expérience personnelle de la guerre vont disparaître. Nos expériences d'enfants sont également valables pour l'Histoire, aussi valables que les mémoires d'adultes sur la guerre. Notre amer savoir disparaîtra à jamais si nous ne le conservons pas dans des films, des livres, des œuvres d'art. "

Ma génération a fait l'expérience de la guerre à un âge très fragile, mais, pendant les cinquante ans qui se sont écoulés, nous sommes tous devenus adultes. Plus que cela, nous nous sommes rendu compte que plus nous examinions le passé pour essayer de l'évaluer, plus il devenait vrai. C'est seulement en comprenant le passé qu'on peut accepter le présent et anticiper l'avenir que nos enfants et petits-enfants connaîtront.

Nos enfants et petits-enfants vivront cet avenir. Sans eux, nous n'aurons pas de nouvelle génération. Mais il est très douloureux de penser que les erreurs que nous avons payées si cher pourraient se répéter cinquante-quatre ans après la Deuxième Guerre mondiale, la guerre qui a détruit des millions de vies humaines.

Nos familles ont été prises dans la tourmente de l'histoire. En échappant aux nazis, nous, les Juifs de Roktino, nous nous sommes cachés dans la profonde forêt ukrainienne et dans la boue des champs de Polésie. Nous avons connu la cruauté et la bonté, la faim et le froid, mais la jeunesse et la volonté de vivre nous ont donné la force de survivre. Nous nous sommes réunis aujourd'hui pour commémorer la mort de nos parents, de nos frères, de nos sœurs. C'étaient des victimes innocentes. Ils n'ont pas eu la possibilité de laisser s'épanouir leurs dons, de voir avec joie les succès de leurs enfants et petits-enfants. Pour assurer un avenir de paix, les enfants de la guerre ne peuvent pas rester silencieux ! »

Alex Levin
Rokitno, 1995

~

« Je suis né il y a 70 ans, en 1925, dans la ville de Rokitno. J'y ai grandi et j'y ai passé 17 ans. Nous vivions simplement. Mon père travaillait dur et nous étions pauvres. Nous étions quatre enfants. Je me rappelle que, certains vendredis, il n'y avait pas assez de nourriture pour préparer le Shabbat. En dépit de cela, nous formions une famille heureuse avec nos parents. Soudain, en 1942, nous nous sommes retrouvés orphelins. Nous étions réunis sur la place du marché quand les nazis et leurs collaborateurs se sont mis à tirer, à pourchasser les fugitifs et à les entasser dans des wagons de train. Ils ont amené ces wagons bondés à Sarny où ils ont tué tous les hommes, femmes et enfants, y compris mon père. Il y a été assassiné, avec beaucoup d'autres, sans pitié.

Les hurlements et les pleurs ont retenti si fort sur la place du marché ce jour-là que j'ai vu le ciel s'ouvrir, attendant que notre Dieu apparaisse et vienne nous sauver. Cela n'est pas arrivé et depuis, jusqu'à cette heure, j'ai cessé de croire en un tel Dieu. Ma mère et mon petit frère de cinq ans ne se sont pas échappés dans la forêt et n'ont trouvé que la mort. Mon frère Sasha, qui est ici aujourd'hui, et moi avons réussi à fuir dans la forêt. Nous avons suivi un parcours semé d'embûches, difficile à décrire parce que je ne peux pas croire moi-même que nous ayons pu traverser de telles épreuves. Aujourd'hui encore, je reste perturbé par la question que je me posais alors : pourquoi ?

Je ne veux pas rendre cette soirée trop triste, la surcharger d'émotions. Je veux oublier le passé, mais c'est difficile. Je vous raconte cette histoire parce que mon cœur a mal et que je ne peux même pas pleurer : il ne me reste plus de larmes. J'ai attendu plus de cinquante ans pour revenir sur le lieu de ma naissance et retrouver mes chers parents qui ont disparu. Il fallait que je soulage enfin mon cœur trop lourd. Je veux remercier tous les gens qui ont organisé ce voyage, en particulier Ysachar et Moshe Trossman et tous ceux qui les ont aidés. Merci. »

Samuel Levin
Rokitno, 1995

~

« La mémoire est un bon point de départ. Dans toute situation, il est possible pour chacun de rester humain dans tous les sens du terme. En ces jours mémorables, nous avons visité les monuments dédiés à ceux qui ont péri en août 1942 à Rokitno et à Sarny. Vos parents et vos amis ont été tués pour la seule raison qu'ils étaient juifs. C'est monstrueux. C'est effrayant. Cela a été une page noire et sanglante de notre vie. L'une des leçons est que même l'horreur et le chagrin nous purifient moralement et spirituellement. Sans nul doute, toutes les victimes, leur incroyable courage et nos souvenirs nous rassemblent et font de nous un peuple plus solide, plus harmonieux. Les autres peuples ne se posent-ils pas de questions sur celles et ceux qui ont survécu à cette terrible période ? Les Juifs qui ont survécu sont, dans notre mémoire, des héros, et nous admirons aussi les Ukrainiens, les Juifs et les Russes blancs qui n'ont pas vendu leur âme au diable. Sous l'occupation allemande, ils sont restés humains. Tels sont les sentiments et les pensées que je veux exprimer dans mes poèmes. »

Fred Zolotkovsky
Rokitno, 1995

~

Cimetière juif, Rokitno. 1995

> *Le voici, le vieux cimetière juif*
> *Rangée après rangée, et chaque pierre usée par le temps*
> *Est un souvenir et une plaque de douleur.*
> *Oui, cet endroit parle d'exécutions, de pogroms*
> *Et des flambées de haine qu'on a allumées.*
> *Ce sont des lieux sacrés, ces tombes*
> *De nos ancêtres.*
> *Regardez ! Une sœur. Plus loin ! Un frère*
> *Dans un désordre confus. Introuvables*
> *Les parents et grands-parents. Des pierres brisées,*
> *Des os dispersés. Des amis. Tous dans une seule fosse maintenant.*
> *Avec le temps la poussière les absorbera*
> *Et tout disparaîtra de toute façon.*
> *De grands nuages bas s'étendent à l'horizon*
> *Et l'atmosphère est presque électrique.*
> *Tous, ici, nous sommes dans le chagrin et la détresse.*
> *Sur l'une des pierres, nous avons vu une étoile de David,*
> *Mais le nom et la date ne sont pas lisibles.*
> *Une simple pierre érigée à travers les siècles.*
> *Cette pierre représente des milliers d'années,*
> *Pour toujours elle représente la foi de nos pères*
> *Et d'innombrables pères avant eux.*
> *Cette foi n'a jamais été déformée ni détruite.*
> *Le changement n'était pas dans notre nature.*
> *L'obstination a toujours été notre protection.*
> *Ce cimetière, c'est notre histoire.*
> *C'est la main de Dieu.*
> *Plaçons-nous autour des tombes aujourd'hui*
> *Et récitons le kaddish*

À la mémoire de nos pères.
Peut-être serons-nous tous purifiés
Sans mots bruyants et lourds de sens.

FRED ZOLOTKOVSKY, 1995 (traduit du russe en anglais par Alex Levin)

～

Que les bougies de l'Holocauste brûlent à jamais

En tant que survivants de l'Holocauste, nous sommes tous sortis d'un tragique univers de mort et de destruction avec des cicatrices qui ne guériront jamais complètement. Nous étions des étrangers quand nous sommes arrivés sur ce continent. Les gens nous regardaient avec suspicion, se demandant comment nous avions survécu alors que des millions d'autres avaient péri. Dans la plupart des cas, nous avons gardé pour nous nos souvenirs. Le public, juif et non juif, ne manifestait pas d'intérêt particulier pour notre passé et nos problèmes. Le monde avait envie d'oublier l'Holocauste et de ne pas être accablé par notre tragique expérience. Ce sont les survivants qui se sont dressés au premier plan et qui ont sommé le monde de se rappeler. Nous avons commencé les commémorations et les voyages du souvenir sur les sites des camps de la mort et les charniers.

Même quand nous rebâtissions nos vies brisées dans le Nouveau Monde, le « Rappelez-vous » était répété haut et fort à chaque occasion, pressant les autres de nous rejoindre dans le devoir sacré du souvenir. Mais peu de gens célébraient notre liberté récemment acquise. Nos commémorations regroupaient essentiellement des survivants. Nous avons entendu l'appel émouvant lancé par Elie Wiesel aux survivants, nous avertissant que, si nous oubliions, nous aussi, nous serions oubliés.

Nous, les survivants, nous avons aussi reconnu un groupe de

personnes dotées d'une humanité exceptionnelle, qui a fait d'elles la conscience du monde : les Justes parmi les nations. D'un nombre restreint et qui va diminuant, ils sont la lumière vers laquelle tous, nous y compris, nous devrions nous efforcer d'aller.

Nous, les survivants, nous sommes la preuve qui dément ceux qui nient l'Holocauste. Nous sommes les témoins vivants du passé. C'est pourquoi des groupes de survivants se sont organisés pour prendre en charge la commémoration, la documentation et l'éducation de la population sur la plus grande calamité qui se soit abattue sur les Juifs européens. Un survivant de l'Holocauste, Robert Engel, du Centre de l'Holocauste de Toronto, m'a encouragé à me porter volontaire. Je me suis consacré depuis plus de huit ans aux entretiens avec les élèves des écoles religieuses et laïques et avec les étudiants des universités.

Chaque fois que je parle aux jeunes, je suis récompensé en voyant leurs yeux s'emplir de larmes et de compassion. Souvent, ils viennent me serrer dans leurs bras. J'ai reçu des centaines de lettres chaque année de visiteurs du Centre de l'Holocauste et des écoles et bibliothèques auxquelles j'ai rendu visite. Je voudrais en partager quelques-unes avec vous :

Cher Alex,

Nous voulons vous remercier de votre générosité. Vous nous avez offert connaissance et compréhension de l'Holocauste à travers votre expérience personnelle. Nous apprécions cette occasion précieuse et nous sommes vraiment honorés de vous recevoir ici. Nous n'oublierons pas et nous raconterons votre histoire pour que nos enfants aussi apprennent ce qu'a été l'Holocauste.

Merci du fond du cœur.

Shana
Lisa
École secondaire du district de Markham

Cher Monsieur Levin,

C'est moi la fille qui pleurait quand vous nous racontiez votre histoire. Je vous écris parce le jour où vous nous avez raconté votre histoire, vous avez touché mon cœur.

Merci pour votre force intérieure et pour votre connaissance de la vie. Les gens comme vous inspirent aux gens comme moi le désir de profiter toujours mieux de la vie parce que vous nous avez fait voir avec le cœur ce que des gens ont eu à endurer.

Cher Monsieur Levin,

Merci beaucoup d'avoir pris le temps de parler à mes élèves. Nous avons eu la chance de faire votre rencontre. C'était un vérita-ble honneur. Le seul fait d'être en votre présence était un honneur. Vous êtes bon, plein de compassion et vous êtres un brillant confé-rencier, doté d'un bon sens de l'humour. Vous êtes un survivant au plein sens du mot. Nous avons eu la chance de vous entendre par-ler. Nous avons beaucoup appris de vous et nous nous souviendrons toujours de vous et de vos paroles.

Que Dieu vous bénisse.

Lina
Professeure, York Memorial Collegiate Institute, Toronto

Cher Monsieur Alex Levin,

Je sais qu'il est difficile de remonter le « sentier de la mémoire » parce que c'est très douloureux. Mais je veux vous remercier per-sonnellement d'avoir partagé votre histoire avec moi. Nous avons eu le privilège de pouvoir apprendre l'Histoire de quelqu'un qui l'a vécue... Votre histoire m'a fait réaliser combien j'ai de la chance de vivre dans un monde en paix. Merci beaucoup. Je suis vraiment heureuse que vous viviez maintenant au Canada et que vous ayez pu commencer une nouvelle vie. Dieu vous bénisse, vous et votre famille.

Gredaline
École secondaire Father Michael Goetz, Mississauga

Cher Monsieur Levin,

Les professeurs et les élèves de sixième année de Bayview Glen Public School ont été très impressionnés par votre conférence. Il est très important que les jeunes entendent les récits des témoins directs de l'Holocauste, pour qu'ils puissent obtenir la réponse à la question : « Est-ce que c'est vraiment arrivé ? » de la bouche de quelqu'un qui l'a vécu. Je me rends compte combien cela doit être difficile parfois de raconter ce qui vous est arrivé mais vous avez visiblement la même conviction sur la nécessité de raconter votre histoire. J'ai eu le plaisir de voir que certains adultes, étrangers à la classe, sont venus vous écouter et quelle surprise de voir votre confrère de la forêt ! Je vous souhaite bonne chance pour votre livre.

Bien à vous,

Sharon
Superviseure, Services aux enfants
Bibliothèque du Centre communautaire de Thornhill

~

En 2002, on m'a demandé de me joindre au programme collégial de la Marche des vivants en tant que l'un des survivants de l'Holocauste participants. La Marche des vivants est un programme éducatif international qui emmène des adolescents sur de nombreux sites importants où se sont déroulés les tragiques événements de l'Holocauste.

Ma mission dans cette tâche difficile et délicate a été un événement marquant de mon histoire : allumer la bougie commémorative, garder vivante la flamme inextinguible de l'Holocauste. Cela a été pour moi l'occasion d'accompagner des élèves à travers la Pologne et Israël, une expérience unique dans une vie, durant laquelle j'ai partagé des moments de tristesse et de joie qui ont créé des liens durables. Après son retour chez elle, à New York, Samantha Peller a écrit : « Je voulais vous faire partager une chanson que j'ai écrite quelques mois après mon retour, sur mon expérience en Pologne. L'un des camps de concentration que nous avons visités, Majdanek, avait un baraquement qui contenait un empilement de cages renfermant les chaussures des victimes de l'Holocauste. Voici la fin de la chanson « Chaussures » :

> *Ces petits enfants ont perdu leurs chaussures*
> *Et perdu la vie et pourtant,*
> *Leurs toutes petites chaussures demeurent,*
> *Des chaussures qui nous rappellent à tous de ne jamais oublier.*

Les élèves qui ont visité la Pologne m'ont aussi raconté leurs rencontres avec de jeunes Polonais, étudiants de diverses universités.

Ces étudiants non juifs s'étaient donné pour mission de rencontrer les étudiants juifs de leur âge et de leur parler pour combler le fossé qui les séparait, spécialement après cette partie de leur histoire où le pire était arrivé. Au fur et à mesure que nous faisions connaissance avec les étudiants polonais, nous les avons trouvés très semblables à nous. Ils aimaient les mêmes films, la même musique, leurs familles ; et leurs valeurs et leurs buts étaient les mêmes que les nôtres. Pourtant, ils nous ont dit que beaucoup de leurs grands-parents, qui vivaient en Pologne pendant l'Holocauste, étaient vivants et avaient toujours une forte haine des Juifs. Ces élèves essayaient d'encourager leurs grands-parents à penser autrement et avaient pour objectif d'y parvenir. C'était très intéressant quand nous sommes allés voir le film *Le Pianiste* en Pologne, avec des élèves polonais, et que nous avons entendu leurs réactions.

Edmund Masojada, le fils de Felicja Masojada, nous a aussi rejoints pour ce voyage et a fait forte impression sur les étudiants avec son discours sur la façon dont sa mère et Ludwik Wrodarczyk avaient sauvé mon frère et moi quand la police cherchait les Juifs qui avaient échappé au massacre sur la place du marché de Rokitno.

En Pologne, nous avons visité des camps de concentration, dont Auschwitz, Birkenau, Treblinka et Majdanek, et des lieux juifs historiques tels que l'emplacement du ghetto de Varsovie et les vieux cimetières. Nous avons allumé des bougies, nous avons pleuré et nous avons prié. C'était une expérience puissante et émouvante pour des adolescents américains et canadiens. Ils pourront apprendre à leurs camarades ce qu'a été l'Holocauste et combattre les négationnistes, tout en forgeant un lien dynamique avec Israël. Pour eux, cela a été un voyage de la nuit vers la lumière. Pour moi, marcher vers Birkenau en portant le drapeau d'Israël a été lourd de sens, d'abord pour encourager la jeune génération à se souvenir des disparus et à leur donner la dignité qu'ils méritent, et pour proclamer que l'Holocauste n'a pas été la fin du peuple juif.

Ces élèves, ainsi qu'une foule de gens, m'ont demandé de publier mes mémoires. Parmi eux, Craig Dershowitz, un écrivain qui m'a aidé à mettre au point mon texte. Il m'a dit : « Il faut absolument que votre histoire soit écrite avec le plus de soin, de précision, de respect et de force possible. Je souhaite qu'en faisant de votre récit un livre, vous trouviez un certain allègement de votre fardeau et de votre peine. »

Je fais le serment de continuer à raconter mon histoire pour ma mère, mon père et mon petit frère qui sont morts. Ils ne peuvent pas parler, alors, à moi de le faire.

~

À la recherche de mon arbre généalogique

Récemment, j'ai décidé qu'en plus d'écrire mes mémoires, j'entreprendrais une recherche sur la généalogie de ma famille. Cette recherche a été difficile mais l'importance de ma double tâche (établir mon lignage juif et laisser un document à mes petits-enfants) m'a donné le courage de continuer. J'ai commencé par les bribes dont je me souvenais sur l'origine de ma famille et de là, je suis parti vers l'inconnu, pas à pas. Je suis parti du présent pour remonter vers le passé, recueillant autant d'informations que possible des vieilles personnes qui avaient survécu à l'Holocauste. J'ai consulté les archives polonaises et rassemblé les photos. J'ai interviewé les membres de ma famille en Israël, au Brésil, au Canada et en Russie. J'ai rêvé de m'envoler vers les endroits lointains qui avaient été sous l'étoile jaune, vers ma ville de Rokitno, où j'avais passé mon enfance, de mettre mes pas dans les pas de mes ancêtres, et finalement, mon frère Samuel et moi sommes allés visiter notre *shtetl* pendant cinq jours. Nous voulions nous assurer que notre recherche des racines de notre famille était complète. Nous préserverons notre histoire pour les futures générations.

La famille Levin (Lewin) vient de Rokitno, province de Volynie. La population de la ville (environ 5 000 habitants quand je suis né, en 1932) était au tiers juive. Beaucoup de Juifs faisaient le commerce du grain, du bois, des peaux; certains exportaient des champignons séchés et du houblon pour faire de la bière. Les autres exerçaient divers métiers, gagnant leur vie grâce aux habitants des villages et des bourgs avoisinants – dont Sarny, Rovno, Kovel, Luts'k et Lokachy. La communauté juive de Rokitno était orthodoxe et pratiquante, avec deux synagogues.

Rokitno était proche de la frontière de 1939 avec l'URSS; c'était le dernier arrêt de chemin de fer du côté polonais. Mon arrière-grand-père du côté paternel, Reb Shraga Falvish Levin, était rabbin et *shochet* (boucher rituel), d'abord dans le vieux village de Rokitno, puis dans la ville nouvelle de Rokitno, fondée en 1901. En 1913, mon grand-père, Sheptl Levin, a été choisi pour aller à Éretz Israël et y acheter de la terre pour les Juifs de Rokitno qui projetaient d'aller vivre là-bas.

La famille Berengoltz (ma famille maternelle) est venue du village de Kopichev, dans la région de Kovel, province de Volhynie. Le village comprenait des communautés juive et tchèque et je me souviens qu'il y avait une église chrétienne orthodoxe. J'ai visité Kupichev avec ma tante Roza bien plus tard, quand elle est venue me voir à Volodymyr-Volynskyï. À ce moment-là, les Juifs avaient tous été tués durant l'Holocauste et les Tchèques étaient tous retournés en Tchécoslovaquie.

La famille Zeitlin (la famille de ma femme) venait de la petite ville de Senno, dans la province de Vitebsk (ou Vitsiebsk), une région de Biélorussie. La plus ancienne trace conservée de l'installation de Juifs en Biélorussie remonte au XIVᵉ siècle, quand la Biélorussie était une région de l'Union de Pologne-Lituanie. Au début du gouverment soviétique en Biélorussie, en 1919, les Juifs vivaient en harmonie relative avec leurs voisins biélorusses, russes, polonais et ukrainiens. Les Juifs de Biélorussie ont conservé le yiddish comme langue première.

La famille Halpern (la famille de mon gendre) vient de Białystok, en Pologne, une éminente communauté juive qui remonte au début du XIXᵉ siècle. Le pourcentage de la population juive dans la ville, à l'époque, était de 50 à 75% : Białystok avait le plus haut pourcentage de Juifs de toutes les grandes villes polonaises et le plus grand nombre de synagogues par habitant dans le pays.

Glossaire

Armia Krajowa [polonais] Connue également sous le nom d'AK ou « Armée de l'intérieur ». Formée en février 1942, l'*Armia Krajowa* a été le mouvement de résistance polonais le plus important lors de l'occupation de la Pologne par l'Allemagne, pendant la Deuxième Guerre mondiale. Quoique l'organisation ait été critiquée pour son antisémitisme et que certaines factions aient même été coupables d'avoir tué des Juifs, il est également vrai que l'AK a créé une section des Affaires juives en février 1942 pour rassembler des informations sur ce qui arrivait aux Juifs de Pologne, a centralisé les contacts entre les organisations militaires polonaises et juives et soutenu la Commission d'aide aux Juifs de Pologne. Des membres de l'AK ont également soutenu la révolte juive durant le soulèvement du ghetto de Varsovie, en 1943, à l'extérieur des murs du Ghetto, mais aussi en rejoignant les combattants juifs à l'intérieur du Ghetto. Entre 1942 et 1945, des centaines de Juifs ont rejoint les rangs de l'AK.

Bétar Mouvement de jeunesse juif fondé en 1923 par le leader révisionniste sioniste Ze'ev Jabotinsky dans le but de promouvoir le développement d'une nouvelle génération de militants sionistes. Le mouvement repose sur les idéaux de courage, de respect de soi, d'entraînement militaire, de défense de la vie et des propriétés juives, ainsi que sur l'établissement de colonies en

Israël menant à l'établissement d'un État juif dans la Palestine alors sous mandat britannique. En 1934, le *Bétar* comptait plus de 40 000 membres en Pologne. La branche du *Bétar* à laquelle appartenaient Alex Levin et ses deux frères aînés avait été fondée à Rokitno en 1928. Pendant les années trente et quarante, alors que l'antisémitisme s'intensifiait et que les nazis lançaient leur campagne meurtrière contre les Juifs d'Europe, le *Bétar* a sauvé des milliers de Juifs en organisant une immigration illégale vers la Palestine alors sous mandat britannique. Le mouvement *Bétar*, aujourd'hui, étroitement lié au parti de droite israélien Likoud, continue à aider les Juifs et à appuyer les activités sionistes dans le monde entier.

Blitzkrieg [allemand; littéralement: guerre éclair] Terme utilisé pour décrire l'attaque d'une force entièrement mécanisée (infanterie, blindés et aviation) qui se concentre sur une petite section du front ennemi, puis avance sans assurer la sécurité de ses flancs. Le terme désigne aussi la période de « l'attaque éclair » de l'Allemagne en Europe de l'Ouest, au début de la Deuxième Guerre mondiale.

Campagne antisémite de Staline Entre 1948 et 1953, Staline s'est embarqué dans une campagne contre les éléments intérieurs de l'URSS qu'il considérait comme une menace contre son pouvoir personnel. Les cibles principales de cette campagne étaient les membres éminents de la communauté juive, les écrivains et les artistes. En conséquence de la paranoïa grandissante de Staline, la campagne s'est intensifiée et a culminé avec deux événements en 1952–1953: la « nuit des poètes assassinés », qui désigne la nuit du 12 au 13 août 1952 durant laquelle 13 écrivains yiddish de renom ont été exécutés, et le « complot des blouses blanches » du début de l'année 1952. La mort de Staline en mars 1953 a mis un terme à cette violente campagne antisémite. Voir aussi « Complot des blouses blanches ».

Chmielnicki (massacres de) En 1648, les Cosaques (membres de divers groupes ethniques d'Ukraine, de Sibérie et du sud de la Russie) ont lancé une série de campagnes militaires pour libérer l'Ukraine de la domination polonaise et établir leur propre loi dans la région. Les Cosaques menés par Bohdan Chmielnicki ont provoqué un soulèvement brutal contre les Juifs, répandant la rumeur dans la population qu'elle avait été vendue par les Polonais pour devenir esclave des Juifs. Les Cosaques ont répondu en massacrant des dizaines de milliers de Juifs en 1648–1649, lors de ce qu'on a appelé les massacres de Chmielnicki. Outre la destruction de près de 300 communautés juives, les historiens estiment le nombre de morts à environ 100 000.

Comité antifasciste juif (CAJ) [*Jewish Anti-Fascist Committee (JAFC)*] Groupe établi par les autorités soviétiques en avril 1942 dans le but de susciter, au sein des communautés juives de l'Ouest, un soutien politique et matériel pour le combat soviétique contre l'Allemagne nazie. Solomon Mikhoels, acteur et metteur en scène prisé du Théâtre juif officiel de Moscou, en était le président et le comité avait son propre journal en yiddish, *Eynikayt* (Unité). En 1943, Solomon Mikhoels et l'écrivain Itzik Fefer ont rassemblé des millions de dollars pour l'effort de guerre soviétique en faisant une tournée officielle de sept mois en Amérique du Nord et en Grande-Bretagne. Après la guerre, le CAJ est devenu le centre d'attraction des Juifs soviétiques et a décidé de publier un « livre noir » qui attesterait des crimes commis par les nazis contre les Juifs. Cela contredisait la position officielle soviétique selon laquelle les atrocités nazies avaient été commises contre l'ensemble des citoyens soviétiques, sans référence particulière aux Juifs. En 1948, tandis que la situation des Juifs soviétiques se détériorait rapidement et qu'une campagne idéologique de persécution prenait son essor, les membres du CAJ sont devenus les cibles du régime soviétique. Mikhoels a été assassiné en novembre 1948 et d'autres membres ont été arrêtés, jugés et exécutés au cours des purges des quatre années suivantes.

Commissaire politique Officiel du Parti communiste assigné aux unités de l'armée soviétique et chargé de transmettre les principes du Parti et de s'assurer de la loyauté envers le Parti. À divers moments de l'histoire de l'URSS, les commissaires politiques ont eu un grand pouvoir : ils opéraient en dehors de la hiérarchie militaire et étaient sous les ordres directs des dirigeants du Parti. Pendant l'invasion allemande de l'URSS, lors de la Deuxième Guerre mondiale, les commissaires politiques ont joué un rôle crucial, ils ont contribué à remonter le moral des troupes en y renforçant l'idéologie communiste et en prévenant la dissension dans les rangs.

Complot des blouses blanches Prétendue conspiration d'un groupe de médecins, juifs pour la plupart, qui aurait eu pour objectif d'éliminer les dirigeants de l'Union soviétique en les empoisonnant. Les accusations de 1953 contre « les assassins en blouse blanche » marquaient l'intensification de la campagne de Staline contre les Juifs soviétiques, qui avait commencé en 1948. Elle s'est accompagnée d'une couverture médiatique qui déclencha une vague d'hystérie antisémite dans tout le pays. Staline avait l'intention de se saisir du « complot des blouses blanches » pour instaurer une purge massive dirigée contre les Juifs et d'autres en Union soviétique. Heureusement pour les accusés, Staline est mort quelques jours avant le début du procès. Un mois après sa mort en mars 1953, il a été déclaré dans le journal la *Pravda* que l'accusation était truquée et les médecins ont été relâchés.

Crise de Cuba Confrontation entre l'Union soviétique et les États-Unis, en octobre 1962, pendant la guerre froide, à propos des missiles que l'URSS avait installés à Cuba. D'un côté, les États-Unis redoutaient une base communiste à Cuba qui avait à sa tête Fidel Castro, de l'autre, les Cubains craignaient une seconde invasion américaine après la tentative avortée de la baie des Cochons, en avril 1961, et les Soviétiques ne voulaient pas risquer de perdre la seule présence communiste en Amérique latine. Le premier ministre soviétique, Nikita Khrouchtchev, projetait à l'été 1962 d'installer des missiles balistiques stratégiques à Cuba. En réponse, le président des États-Unis, John F. Kennedy, a imposé un blocus maritime sur Cuba en octobre et a déclaré que tout missile lancé depuis Cuba entraînerait une attaque nucléaire totale de la part des États-Unis contre l'Union soviétique. Après deux semaines d'extrême tension et de peur d'une guerre nucléaire des deux côtés, un accord a été conclu : les sites de missiles de Cuba seraient démantelés, et, en échange, les États-Unis promettaient de ne pas envahir Cuba. Les navires soviétiques apportant les missiles à Cuba ont rebroussé chemin et cette crise a pris fin.

Écoles militaires Souvorov Pensionnats militaires auxquels on a donné le nom d'un leader militaire du XVIIIe siècle, le général Alexandre Vassiliévitch Souvorov. Ces pensionnats offraient aux adolescents une éducation centrée sur les matières et l'entraînement militaires. Les Écoles militaires Souvorov ont d'abord servi de refuges pour accueillir les très nombreux orphelins de guerre. Les écoles ont été créées en 1943, dans la tradition du fameux corps de cadets inauguré à Saint-Pétersbourg en 1731.

Fils du régiment Terme utilisé pour désigner les orphelins qui étaient adoptés par des régiments de l'armée soviétique et qui servaient sous l'uniforme.

Ghetto Quartier où les Juifs étaient confinés. Le terme est originaire de Venise, en Italie, où, en 1516, une loi a exigé que tous les Juifs vivent dans une île à part, clôturée, connue sous le nom de Ghetto Nuovo. À travers le Moyen Âge, en Europe, les Juifs ont été confinés de force dans des quartiers clos. Pendant l'Holocauste, les nazis ont forcé les Juifs à vivre entassés, dans des conditions d'hygiène déplorables, dans un quartier vétuste de la ville. La plupart des ghettos de Pologne étaient clos par des murs de briques ou des palissades de bois renforcées de barbelés.

Guerre de Six Jours Conflit armé ayant opposé Israël et les États voisins (l'Égypte, la Jordanie et la Syrie) entre le 5 et le 10 juin 1967. En réponse à la création d'une alliance entre l'Égypte, la Syrie et la Jordanie et à la mobilisation des troupes par le leader égyptien Gamal Nasser le long des frontières israéliennes, Israël a lancé une attaque préventive. Dans les jours qui ont suivi, les forces israéliennes ont repoussé les armées ennemies et occupé la péninsule du Sinaï, la bande de Gaza, la Cisjordanie et le plateau du Golan. Israël a aussi réunifié Jérusalem, dont la Jordanie contrôlait la moitié Est depuis la guerre de 1948–1949. La guerre de Six Jours est apparue comme une immense victoire militaire pour Israël, mais n'a amené ni succès diplomatique équivalent, ni paix dans la région.

Haggadah [hébreu; littéralement: lecture] Livre de lectures qui expose l'ordre du service du *Séder* de la Pâque juive et raconte l'exode biblique pour fuir l'esclavage.

Haloutsim [hébreu: pionniers] Immigrants agriculteurs qui se sont installés en Palestine, avant la fondation de l'État d'Israël, pour y défricher la terre, planter des arbres et drainer les marais afin d'établir des colonies et de bâtir des communautés autonomes. Les *Haloutsim* sont principalement associés à la vague d'immigration connue sous le nom de Troisième *Aliyah* (1919–1923) qui a suivi la Première Guerre mondiale et la création du mandat britannique en Palestine.

Héder [hébreu; littéralement: salle] École élémentaire juive orthodoxe qui enseigne les fondements des pratiques juives et de l'étude des textes, ainsi que l'hébreu.

Jdanovisme [en russe: *Jdanovschina*] Doctrine qui doit son nom au secrétaire du Comité central du Parti communiste, Andreï Jdanov, l'un des officiels les plus puissants de l'ère stalinienne. Le jdanovisme correspond à la campagne de répression intérieure et sociale en URSS. Les artistes, les écrivains, les musiciens et tous ceux qui pouvaient avoir une influence sur l'opinion publique devaient se plier à la nouvelle ligne du Parti, devenue plus rigide, et beaucoup d'entre eux ont été persécutés, arrêtés et exécutés car « cosmopolites » ou « individualistes bourgeois ». La campagne visait particulièrement les Juifs, prétendus cosmopolites sans racines. La politique de Jdanov a également eu de l'influence dans le domaine de la politique étrangère, incarnant au sortir de la Deuxième Guerre mondiale une politique antioccidentale durcie qui voyait le monde comme divisé en deux camps, le camp communiste et le camp impérialiste, sans possibilité de coexistence.

Judenrat [allemand, pluriel : *Judenräte*] Conseil juif. Groupe de leaders juifs nommés par les Allemands pour administrer la population locale juive et lui fournir des services sous l'Occupation et exécuter les ordres des Allemands. Les *Judenräte* avaient l'apparence d'entités autonomes, mais ils étaient complètement sous contrôle allemand. Ils faisaient face à des décisions morales difficiles et complexes, dans des conditions impitoyables et restent un sujet litigieux. Les présidents devaient décider s'il fallait se plier aux exigences allemandes ou résister. Certains ont été tués par les nazis en raison de leur refus d'obtempérer, d'autres ont préféré se donner la mort. Les officiels juifs qui défendaient l'obéissance pensaient que la coopération permettrait de sauver au moins quelques Juifs. Ceux qui ont dénoncé les efforts de résistance l'ont fait parce qu'ils croyaient que la résistance armée provoquerait la mort de toute la communauté.

Kaddish [araméen; littéralement : saint] Connu également comme la « prière des morts », le kaddish est récité lors des rites de deuil dans les services juifs, ainsi que lors des funérailles et des commémorations.

Kasher [hébreu] Conforme aux lois juives sur la nourriture. Les Juifs pratiquants suivent un système de règles appelé la *kashrouth* qui prescrit ce qui peut être mangé, la façon dont il faut préparer la nourriture et abattre le bétail et la volaille. La nourriture est kasher quand elle respecte ce système de règles. Voir aussi *shohet*.

KGB Abréviation russe de *Komitet Gosudarstvennoy Bezopasnosti* (Comité à la Sécurité d'État). Le KGB a fonctionné comme agence de sécurité de l'Union soviétique, police secrète et agence d'espionnage entre 1954 et 1991. L'organisation, dotée d'une hiérarchie militaire, affichait un double objectif: défendre l'URSS contre les dangers extérieurs représentés par les pouvoirs étrangers et défendre le Parti communiste contre les dangers intérieurs présumés. Sous Staline, la poursuite de complots imaginaires contre l'État est devenue un point central et le KGB a joué un rôle crucial en étouffant toute dissidence politique. En 1967, année où Alex Levin a été forcé de démissionner de l'Armée soviétique, Youri Andropov est devenu directeur du KGB. Il est celui qui est resté le plus longtemps au pouvoir et qui a été le plus influent. Sous sa direction, l'organisation s'est concentrée encore plus sur la lutte contre tout ce qui était perçu comme une « subversion idéologique », si mineure soit-elle.

Khrouchtchev, Nikita Sergeïevitch Premier secrétaire du Parti communiste de l'Union soviétique de 1953 à 1964, Nikita Khrouchtchev a stupéfait les membres du Parti en dénonçant ouvertement en 1956 les excès de l'ère stalinienne et le culte de la personnalité de Staline. Le régime de Khrouchtchev s'est caractérisé non seulement par la déstalinisation de l'URSS, mais aussi par une politique extérieure qui prônait la coexistence pacifique avec l'Ouest. Mais, au début des années soixante, des luttes de pouvoir acerbes à l'intérieur de la direction du Parti communiste l'ont fragilisé. Aussi, sa brouille avec la direction communiste de Chine et l'humiliation soviétique provoquée par la crise de Cuba de 1962, ont contribué à la chute de Khrouchtchev, écarté du pouvoir en 1964.

Mezouzah [hébreu; littéralement: montant de porte] Fragment de parchemin portant des versets de la Torah. Il est habituellement enfermé dans un étui décoratif que les Juifs pratiquants placent sur les encadrements des portes.

Organisation Todt Groupement d'ingénieurs civils nommé d'après son fondateur, Fritz Todt. L'Organisation dépendait des nazis et elle a créé pour eux de grands projets civils et militaires. Elle a commencé comme agence quasi gouvernementale, mais, en 1942, elle a été absorbée par le gouvernement allemand, devenant une partie du Ministère de l'armement et de la production de guerre, sous la direction d'Albert Speer. Elle a fait un usage extensif du travail forcé et des esclaves. À Rokitno, ce travail incluait la réparation des routes et des voies ferrées endommagées lors du *Blitzkrieg*, l'abattage des arbres, le fonctionnement de l'usine de verre ou les travaux des champs.

OVIR Bureau des visas et de l'enregistrement du ministère soviétique de l'Intérieur : bureau auquel les citoyens soviétiques désireux d'émigrer devaient adresser leur demande. Pendant l'ère soviétique, une demande d'émigration adressée à l'OVIR devait être accompagnée de nombreux documents (y compris des références de chaque employeur, l'approbation du bureau local du Parti communiste et du syndicat professionnel, la permission des parents, quel que soit l'âge du demandeur, ainsi que la permission de l'ex-conjoint en cas de divorce). En même temps, le seul fait de demander un visa de sortie était souvent source de problèmes sociaux et économiques pour les candidats à l'émigration (ils étaient par exemple souvent obligés de démissionner de leur travail). L'OVIR exerçait un pouvoir important sur les Juifs soviétiques désireux d'émigrer – alors que certains en recevaient la permission, beaucoup se voyaient refuser instantanément la permission d'émigrer et d'autres encore voyaient leur dossier stagner pendant des années à l'OVIR sans qu'aucune explication ne leur soit fournie.

Pâque [en anglais : *Passover* ; en hébreu : *Pessah*] Grande fête du calendrier juif qui se déroule pendant huit jours au printemps. L'une des prescriptions principales de cette célébration est la lecture du récit de l'Exode, qui raconte la fuite des Juifs hors d'Égypte où ils étaient retenus en esclavage, lors d'un repas rituel appelé *Séder*. Le mot anglais *Passover* fait allusion au fait que Dieu est « passé par-dessus » (« *passed over* ») les maisons juives en y épargnant les premiers-nés alors que les fils aînés des Égyptiens ont trouvé la mort. Cet épisode est la dernière des dix plaies destinées à convaincre le Pharaon de libérer les Juifs.

Partisans Membres de forces militaires irrégulières ou de mouvements de résistance formés pour combattre les armées d'occupation. Pendant la Deuxième Guerre mondiale, de nombreux groupes différents de partisans se sont opposés aux nazis et aux collaborateurs dans plusieurs pays. Dans la région où se cachait Alex Levin, il y avait des partisans biélorusses, ukrainiens et juifs, ainsi que des partisans soviétiques dirigés par le gouvernement soviétique et l'Armée rouge. En réalité, le terme « partisan » pouvait désigner des groupes très organisés, presque paramilitaires, tels les partisans de l'Armée rouge; des groupes ponctuels, axés sur la survie plus que sur la résistance et des groupes de bandits qui rôdaient à l'affût de tout ce qu'ils pouvaient piller.

Piłsudski, (maréchal) Józef Maréchal et dictateur au pouvoir en Pologne durant la seconde République, de 1926 à 1935. Józef Piłsudski était considéré comme un héros pour son importante contribution à l'accession de la Pologne à l'indépendance, en 1918, après plus d'un siècle de partage entre diverses grandes puissances. Le régime de Piłsudski s'est distingué par l'amélioration de la situation des minorités ethniques, y compris de la large population juive polonaise. Il poursuivait une politique d'« assimilation d'État », selon laquelle les citoyens étaient jugés non pas d'après leur appartenance ethnique, mais d'après leur loyauté envers l'État. De nombreux Juifs polonais ont vu leur situation s'améliorer sous Piłsudski et pensaient qu'il était la clef permettant de contrôler les courants antisémites en Pologne. Beaucoup ont voté pour lui et ont participé activement à sa coalition politique. Après sa mort en 1935, la qualité de vie des Juifs polonais s'est à nouveau détériorée. Il avait aussi réussi jusqu'à sa mort à tenir à distance à la fois Hitler et Staline, résistant aux pressions allemandes visant à contraindre la Pologne à une alliance contre l'URSS tout en maintenant un traité de non-agression russo-polonais censé rester en vigueur jusqu'en 1945.

Polésie La Polésie est la plus vaste zone marécageuse d'Europe et s'étend principalement à l'intérieur de la Biélorussie et de l'Ukraine actuelles, mais se prolonge aussi dans certaines régions de la Pologne et de la Russie. C'est une vaste étendue de basses terres sablonneuses, saturées d'eau, de marais et de marécages et de denses forêts de pins traversées par un réseau de rivières. Environ un tiers de la région est plantée d'un mélange de pins, de bouleaux, d'aulnes, de chênes et de trembles. C'est un terrain à la fois riche et traître où Alex et Samuel Levin ont survécu pendant presque 18 mois.

Premier front ukrainien Ce front de l'Armée rouge, victorieux et couvert de décorations, était constitué de dix armées différentes qui, entre 1943 et 1945, ont combattu et vaincu les forces allemandes, les repoussant hors des zones ukrainiennes de l'URSS, puis vers l'ouest en Pologne et jusqu'en Allemagne. Initialement appelé front de Voronej, le front a été rebaptisé en octobre 1943 pour refléter l'avancée de l'Armée rouge. La 13ᵉ armée du premier front ukrainien a libéré au passage la région de Rokitno où se cachait Alex Levin en janvier 1944.

Région autonome des Juifs Région établie par les autorités soviétiques en 1934 autour de la ville de Birobidjan dans l'Extrême-Orient soviétique, à la frontière chinoise. L'idée à l'origine de la création de la Région autonome des Juifs était de fonder une « Sion soviétique » où une culture juive prolétarienne pourrait se développer dans un contexte socialiste. Le yiddish, et non l'hébreu, serait la langue nationale et une nouvelle littérature et un nouvel art socialistes viendraient remplacer la religion comme expression première de la culture. À l'époque où elle a été créée, les communistes juifs avaient la même vision que Staline : incorporer ou « coopter » les identités ethniques comme éléments d'une plus large vision socialiste soviétique. Ils soutenaient qu'une patrie juive soviétique agirait comme alternative idéologique au sionisme. Des efforts ont été faits au début pour encourager les Juifs à s'installer dans la région et environ 17 000 d'entre eux s'y sont installés dans les années trente (dont la tante Roza d'Alex Levin). Cependant, l'expérience a cessé pendant les purges de Staline, quand les leaders juifs ont été arrêtés et exécutés et que les écoles yiddish ont été fermées. La Deuxième Guerre mondiale a mis brutalement fin au soutien officiel de l'immigration juive dans la région.

Rouble Unité monétaire de l'Union soviétique, le rouble était également celle de l'Empire russe et reste celle de la Fédération russe actuelle.

Séder [hébreu ; littéralement : ordre] Repas familial rituel célébré durant les deux premiers soirs des huit jours de la fête de la Pâque juive dans la Diaspora, et le premier soir seulement dans l'Israël moderne.

Shabbat [hébreu ; en yiddish, *Shabbes, Shabbos*] Jour de repos hebdomadaire qui commence le vendredi, au coucher du soleil, et se termine le samedi, après le coucher du soleil. Il commence par l'allumage des bougies le vendredi soir et la récitation des bénédictions du vin et de la *hallah* (le pain rituel). Jour de célébration autant que de prière : on consomme généralement trois repas de fête, on assiste aux services de la synagogue et on s'abstient de travailler ou de voyager.

Shoshet [hébreu ; en yiddish, *shoyket*] Personne responsable de l'abattage rituel. Homme qui connaît les règles religieuses de la *kashrouth*, qui a appris à abattre les animaux sans douleur et à vérifier que la viande est kasher. Voir également kasher.

Shtetl [yiddish] Petit village ou bourg dont la population est majoritairement juive et qui existait avant la Deuxième Guerre mondiale en Europe centrale et en Europe de l'Est.

Soviétisation Politique de l'URSS imposant des changements de nature idéologique à la vie politique, économique, sociale et culturelle dans les territoires occupés par l'URSS. Ces changements comprenaient la confiscation, la nationalisation et la redistribution des propriétés privées et de celles ayant appartenu à l'État polonais, la discrimination contre les capitalistes et ceux qui étaient considérés comme dangereux pour le régime soviétique. Cette discrimination pouvait aller jusqu'à la persécution.

SS [allemand : escouade de protection ; abréviation de *Schutzstaffel*] À leurs débuts, les SS étaient le corps d'élite chargé de la garde personnelle d'Adolf Hitler, mais sous Heinrich Himmler, les SS se sont développés et ont pris le contrôle de toutes les forces de police allemandes. L'organisation était divisée en *Allgemeine SS* (la SS générale) et *Waffen SS* (la SS armée). La SS générale s'occupait essentiellement d'organiser et d'imposer la politique raciale nazie en Allemagne et dans les pays occupés par les nazis. Sa force principale était le *Reichssicherheitshauptamt* (RSHA, Service central de sécurité du Reich), organisation qui incluait la Gestapo (*Geheime Staatspolizei*). Les SS dirigeaient les camps de concentration et les camps de la mort, ainsi que toutes les entreprises économiques associées. Ils avaient aussi leurs propres divisions militaires de *Waffen SS*, qui comprenaient des recrues venues des pays occupés.

Tarbut [hébreu ; littéralement : culture] Réseau sioniste d'écoles laïques en langue hébraïque (jardins d'enfants, écoles élémentaires, écoles secondaires et cours pour adultes) qui opérait surtout en Pologne, en Roumanie et en Lituanie entre la Première et la Deuxième Guerre mondiale. Le nom *Tarbut* fait référence à l'approche laïque, culturelle des études juives, par contraste avec l'instruction religieuse. Les institutions éducatives chapeautées par le *Tarbut* incluaient des instituts de formation des professeurs, des bibliothèques de prêt et une maison d'édition qui produisait du matériel pédagogique, des manuels et des périodiques pour enfants. L'école *Tarbut* de Rokitno a été fondée dans les années vingt.

Tass [*Telegrafnoïe agentstvo Sovietskogo Soyouza*, ou Agence de télégraphe de l'Union soviétique] Agence centrale de collecte et de distribution des nouvelles nationales et internationales pour tous les journaux et les stations de radio et de télévision soviétiques. Elle avait le monopole de l'information officielle.

Traité de non-agression entre l'Allemagne et l'URSS Connu aussi sous les noms de « Pacte germano-soviétique » ou « Pacte Molotov-Ribbentrop », du nom du ministre des Affaires étrangères soviétique, Viatcheslav Molotov, et du ministre des Affaires étrangères allemand, Joachim von Ribbentrop. Ce traité a été signé le 24 août 1939. Les clauses principales stipulaient que les deux pays n'entreraient pas en guerre l'un contre l'autre et qu'ils resteraient neutres si l'un d'eux était attaqué par un pays tiers. L'une des clefs du traité résidait dans le plan de division de divers pays indépendants, dont la Pologne, entre des sphères d'influence nazie et soviétique. Les nazis ont enfreint le pacte en lançant une offensive majeure contre l'Union soviétique le 22 juin 1941. Ces événements ont mené à l'occupation de Rokitno d'abord par les Soviétiques puis par les Allemands.

Tcholent [yiddish] Ragoût traditionnel juif habituellement servi comme plat principal au déjeuner du Shabbat, le samedi, après le service à la synagogue, ainsi qu'aux fêtes juives. Pour les Juifs d'Europe de l'Est, les ingrédients de base du *tcholent* sont la viande, les pommes de terre, les haricots et l'orge.

Ukrainische Hilfspolizei [allemand] Police auxiliaire ukrainienne. Force de police auxiliaire ukrainienne qui a collaboré avec les nazis pour mettre en œuvre la « Solution finale » contre les Juifs et contrôler l'opposition non juive aux Allemands.

Photographies

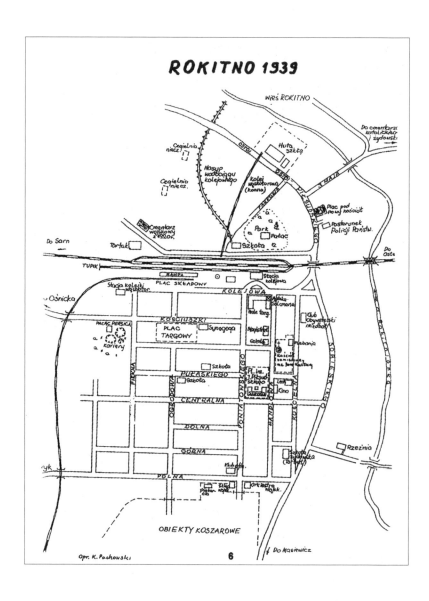

ROKITNO 1939

wieś ROKITNO

Do cmentarza katolickiego i żydowski

Huta szkła

Cegielnia niecz.

Nasyp wodociągu kolejowego

Cegielnia niecz.

OSTKI

kolej wąskotorowa (konna)

RATKOWA

Plac pod nowy kościół

Cmentarz wojskowy 1920 r.

Park

Pałac

Postarunek Policji Państw.

Do Sarn

Tartak

Szkoła

Do Osta

TUPIK

RAMPA

PLAC SKŁADOWY

Stacja kolejki wąskotor.

Stacja kolejowa

Osnicka

KOLEJOWA

Hala targ.

Klub Obywatelski (niedbał)

KOŚCIUSZKI

PAŁAC PERSICA

Kariery

PLAC TARGOWY

Synagoga

Napiste

Szkoła

Plebania

Kościół zamieniony na Dom Kultury

Szkoła

PUŁASKIEGO

Szkoła

Pl. im. J. Piłsud skiego

Lech

Kino

CENTRALNA

DOLNA

GÓRNA

Rzeźnia

yk

POLNA

OBIEKTY KOSZAROWE

Opr. K. Pachowski

6

Do Kasiewicz

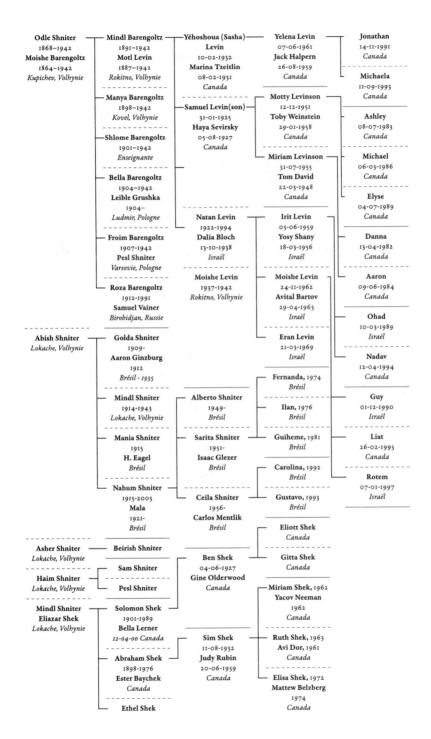

Arbre généalogique d'Alex Levin.

Les parents d'Alex Levin, Mindl Barengoltz et Mordechaï Levin.

La famille de la mère d'Alex. Debout, de gauche à droite : sa sœur Roz, son frère Shlomo, sa sœur Bella, son frère Froim, sa sœur Mania, Mindl, avec, dans ses bras, le frère aîné d'Alex, Nathan (âgé de trois ans); assis : la grand-mère Hava, avec, sur ses genoux, Samuel, le frère d'Alex (âgé d'un an), et le grand-père Moïshe, avec, sur ses genoux, le fils de Mania, Yone.

Le jeune frère d'Alex, Moïshe, tué par les nazis à l'âge de cinq ans lors du massacre de Rokitno, le 26 août 1942. Au dos de la photo, on peut lire « 20/6/1938, Moïshe, âgé de onze mois. Nous envoyons 'le petit jardinier'. Il aime beaucoup les fleurs. Il envoie un bouquet à tante Roza. »

La rue Piłsudski, à Rokitno, où Alex Levin a vécu avant la guerre.

La place du marché, à Rokitno, site du massacre de Rokitno.

Alex avec son libérateur de l'Armée rouge, Rokitno, janvier 1944.

Alex en « fils du régiment » de l'Armée rouge. Sarny, février 1944.

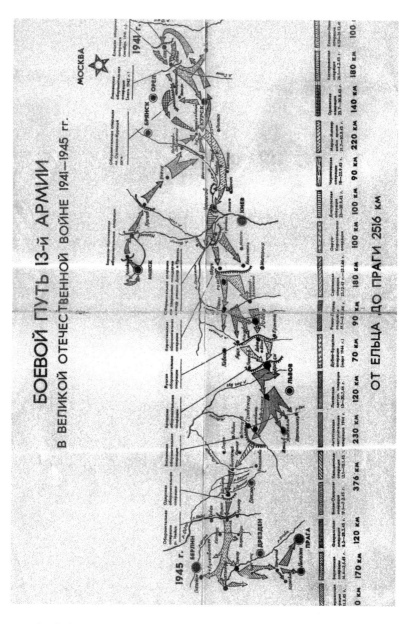

Marche de la 13ᵉ armée soviétique pendant la Deuxième Guerre mondiale, 1941–1945. Alex a rejoint cette unité comme messager de l'hôpital de campagne nᵒ 2408 à Rokitno et l'a accompagnée jusqu'à Torgau, en Allemagne.

YAD VASHEM – JEROZOLIMA
„Sprawiedliwi wśród Narodów Świata"

Felicja Masojada c. Michała
Nr t. 8930

ks. Ludwik Wrodarczyk s. Karola
Nr t. 8930A

Tytuły zostały nadane pośmiertnie 3.08.2000

1

2   3

1   Felicja Masojada et le père Ludwik Wrodarczyk, « Justes parmi les nations » qui ont secouru Alex et Samuel alors qu'ils étaient cachés près du village d'Okopy.

2   Solomon Mikhoels, président du Comité antifasciste juif de l'Union soviétique.

3   Monument sur la tombe de Solomon Mikhoels commémorant le cinquantième anniversaire de son assassinat par la police secrète de Staline en 1948. Cimetière du monastère Donskoï, Moscou, 1998.

1 Alex, nouvelle recrue de l'École militaire Souvorov. Voronej, 1946.

2 Alex (à droite) en vacances chez son meilleur ami de l'école des cadets, Novik Sidorov, et la mère de celui-ci, Tamara Akimovna Sidorova. Moscou, 1946.

3 La classe d'Alex, à l'école des cadets, 1950. Alex est au milieu, entre les deux officiers.

Photo de remise des diplômes, École militaire Souvorov. Voronej, 1951.

Première réunion d'Alex et de sa promotion de l'École militaire Souvorov. Voronej, 1953.

Le lieutenant Alex Levin, 51ᵉ régiment d'infanterie motorisée, dans la ville de Kandalakcha, au nord du cercle arctique, en 1954.

1   Le capitaine Alex Levin à l'Académie militaire de logistique et transport. Leningrad, 1960.

2   Réunion d'Alex avec son frère Samuel (à droite), après trente ans de séparation. Moscou, 1974.

3   Alex avec sa femme Marina et la famille de celle-ci. Debout, de gauche à droite : la sœur de Marina, Véra, Alex et Marina. Assis au premier rang, le père de Marina, Aaron Grigoriévitch Zeitlin, et sa mère, Rita Moïséevna.

Réunion des trois frères survivants. De gauche à droite : Alex (Yéhoshoua), Samuel et Nathan. Toronto, 1988.

Retour d'Alex et de Samuel à Rokitno, juin 1995.

Alex devant le monument commémorant les Juifs assassinés à Rokitno.
Cimetière de Rokitno, juin 1995.

Monument commémoratif à Sarny, où 18 000 Juifs de Rokitno et des environs ont été tués à la fin du mois d'août 1942.

Réunion des survivants de l'Holocauste de Rokitno à Toronto, en 1999. De gauche à droite : Yona Wasserman, Samuel Levin, Alex (Yéhoshoua) Levin, Lowa Gamulka et Monek Griever.

Alex (au centre) lors de la « Marche des vivants ». Auschwitz-Birkenau, Pologne, 2002.

Bat mitzvah de la petite-fille d'Alex, Michaela Halpern, Toronto, le 12 no-
vembre 2005. Debout, de gauche à droite : Jack Halpern, gendre d'Alex,
Michaela et Jonathan, le petit-fils d'Alex. Assis au premier rang : Marina
Levin (à gauche) et la fille d'Alex et Marina, Yelena Halpern.

Index

The Azrieli Foundation

La mission de la Fondation Azrieli est d'apporter son soutien à de nombreuses initiatives dans le domaine de l'éducation et de la recherche. La Fondation Azrieli prend une part active à des programmes relevant du domaine des études juives, les études d'architecture, de la recherche scientifique et médicale et des études artistiques. Parmi les initiatives reconnues de la Fondation figurent le Programme des mémoires de survivants de l'Holocauste, qui rassemble, archive et publie les mémoires de survivants canadiens, l'*Azrieli Institute for Educational Empowerment*, un programme innovateur qui apporte un soutien aux adolescents à risques et les aide à rester en milieu scolaire, ainsi que l'*Azrieli Fellows Program*, un programme de bourses d'excellence pour les second et troisième cycles des universités israéliennes. L'ensemble des programmes de la Fondation sont présentement mis en œuvre au Canada, en Israël et aux États-Unis.